Léon Duguit

Doyen de la Faculté de Droit de l'Université de Bordeaux

Souveraineté

et

Liberté

Leçons faites à l'Université Columbia (New-York)
1920-1921

LIBRAIRIE FÉLIX ALCAN

SOUVERAINETÉ ET LIBERTÉ

SOUVERAINETÉ

ET

LIBERTÉ

LEÇONS FAITES A L'UNIVERSITÉ COLUMBIA (NEW-YORK)

1920-1921

PAR

LÉON DUGUIT

Doyen de la Faculté de Droit de Bordeaux

PARIS

LIBRAIRIE FÉLIX ALCAN

108, BOULEVARD SAINT-GERMAIN (VIᵉ)

1922

AVERTISSEMENT

Sur l'aimable insistance de mes éditeurs et avec l'autorisation bienveillante de M. le Président Butler, je publie en français, en même temps qu'elles paraissent en anglais à New-York, ces leçons faites à l'Université Columbia (New-York), pendant les mois de décembre 1920, de janvier et de février 1921.

Le lecteur français voudra bien ne pas oublier qu'elles s'adressaient à un public américain, animé d'une chaude et profonde sympathie pour la France, mais ne connaissant qu'imparfaitement l'histoire de notre pays et la situation de l'Europe. Aussi bien ces leçons tirent-elles peut-être leur intérêt bien moins de leur contenu que des conditions dans lesquelles elles ont été faites.

Qu'il me soit permis d'exprimer ici à nouveau ma profonde gratitude à M. le Président Butler et aux professeurs de l'Université Columbia pour le cordial accueil qu'ils ont bien voulu me faire, et aussi de remercier le public, qui a suivi mon cours, pour son assiduité constante et sa bienveillante attention.

Bordeaux, 1er août 1921.

SOUVERAINETÉ ET LIBERTÉ

PREMIÈRE LEÇON

Les notions de souveraineté nationale et de liberté individuelle.

Monsieur le Doyen [1],

Mesdames, Messieurs,

Il n'est pas, pour un professeur, de plus grand honneur que d'être invité par une Université étrangère à venir y donner un enseignement. Cet honneur, l'Université Columbia a bien voulu me le faire : je lui en exprime ma profonde gratitude.

Au reste, des liens déjà anciens m'unissent à elle, puisqu'il y a bientôt dix ans paraissait, dans sa savante revue de Science politique, le premier article que je publiais en Amérique.

Je remercie monsieur le doyen Woodbridge des termes dans lesquels il a bien voulu me présenter. Je ne crois pas mériter ses éloges, trop flatteurs ; mais je puis affirmer que j'apporte dans mon enseigne-

1. M. Woodbridge, doyen des Facultés des sciences politiques, de philosophie et des sciences pures.

ment à l'Université de Bordeaux, et que j'apporterai dans l'enseignement que je suis appelé à donner ici, l'indépendance d'esprit la plus complète, ne poursuivant d'autre but que de trouver la vérité et de la servir.

I

J'ai indiqué que le thème général de ces leçons sera l'étude des conceptions politiques et sociales en France depuis 1789. Cette formule demande quelques explications.

Et tout d'abord, en annonçant que je parlerai des conceptions politiques et sociales en France, ne croyez pas que mon intention soit de parler uniquement de la France. Ne croyez pas non plus que je vienne ici pour faire comme une apologie des doctrines et des institutions françaises. J'aime passionnément mon pays, et je ne suis pas de ceux qui disent que le savant n'a pas de patrie. Je pense au contraire que l'homme est d'autant plus attaché à l'idée de patrie qu'il en comprend mieux l'origine, le fondement social, psychologique et moral. Mais j'estime aussi que celui qui étudie les choses sociales doit se dégager de tout exclusivisme et considérer la matière de son étude d'une manière purement objective, ne voir que les faits, les étudier, les observer, sans idée préconçue ou tendancieuse.

C'est ce que je m'efforcerai de faire. Au reste, on a bien voulu parfois me faire l'honneur de dire que je pouvais être considéré comme le chef de l'école juridique réaliste en France. Peut-être serait-il plus exact de dire que le réalisme est une méthode, et non pas une doctrine ou une école. En tous cas, ce sont des études purement réalistes que j'entends faire ici.

Si j'ai indiqué que j'étudierai les conceptions politiques et sociales en France depuis 1789, c'est que, d'une part, cela me permet d'avoir un point central auquel je pourrai rattacher mes développements, et que cela est la condition indispensable pour les présenter avec méthode et clarté.

D'autre part, il s'est produit en France, à la fin du xviiie siècle et au commencement du xixe, des événements considérables, qui ont eu, qu'on le veuille ou non, une influence prépondérante sur la formation des conceptions actuelles, lesquelles se rattachent ainsi au grand mouvement inauguré en 1789 et ne peuvent être comprises si on les en sépare.

II

Cela vous explique en même temps comment j'ai donné pour point de départ à nos études cette grande date de 1789.

Sans doute, je pense qu'une des conceptions les plus fécondes de la sociologie moderne est celle de la continuité de l'évolution sociale : la nature sociale, pas plus que la nature physique ne fait de sauts, et la vieille théorie des époques historiques se distinguant nettement les unes des autres, est une doctrine artificielle, fausse et antiscientifique.

Cependant, nous sommes obligés, pour fixer nos idées, pour préciser nos connaissances, pour les présenter dans un ordre méthodique, de prendre des points de repaire, en quelque sorte de jalonner notre route. D'un autre côté, si la vie sociale se déroule sans arrêt, s'il y a, suivant l'expression de Bergson, une continuité d'évolution créatrice, un élan vital ininterrompu, néanmoins on ne saurait nier qu'à certains moments cette force créatrice est plus particulièrement féconde et, si je puis ainsi parler, des moments où le flux social apporte une matière plus particulièrement abondante.

L'année 1789 a certainement marqué un de ces moments; je vais dire tout à l'heure pourquoi. En outre, je ne crois pas me tromper en disant que la minute même où nous vivons en marque certainement un autre. Sans doute, il est difficile aux contemporains de connaître leur époque ; cependant, les faits qui se sont accomplis depuis dix ans, la guerre gigantesque qu'ont soutenue contre des puissances de proie les nations civilisées, constituent des phénomènes sociaux d'une envergure telle, et qui semblent dépasser d'une telle mesure ceux qui les ont précédés, que je ne puis me tenir de croire que le moment où nous vivons est une grande date historique, et qu'ainsi nous sommes dans la vérité sociologique en donnant à notre étude pour point de départ la date de 1789 et pour point d'arrivée la date de 1918, ou en

disant, peut-être plus exactement, que 1789 est l'achèvement d'une période et le commencement d'une autre,
et de même 1918, le flux vital ne s'arrêtant jamais.

III

1789 et 1918, pourquoi et comment ces deux dates
marquent-elles à la fois un point de départ et un point
d'arrivée ? Pourquoi les prendre comme principe et
comme fin d'une étude scientifique des conceptions
politiques et sociales ?

1789, d'abord. Deux grands faits s'accomplissent
des deux côtés de l'Atlantique.

Sur le continent américain, une nation nouvelle
vient de se constituer et de se donner une constitution politique. Dans une Déclaration solennelle qui
précède de quelques années la Déclaration française
des Droits de l'homme et du citoyen, les colonies
anglaises de l'Amérique du nord affirment devant le
monde : « Que tous les hommes ont été créés égaux ;
qu'ils ont été doués par le créateur de certains droits
inaliénables ; que parmi ces droits on doit placer au
premier rang la vie, la liberté et la recherche du
bonheur ; que, pour s'assurer la jouissance de ces
droits, les hommes ont établi parmi eux des gouvernements dont la juste autorité émane du consentement
des gouvernés ; que toutes les fois qu'une forme de
gouvernement devient destructive de ces fins pour
lesquelles elle a été établie, le peuple a le droit de la
changer ou de l'abolir et d'instituer un nouveau gou-

vernement, en établissant ses fondements sur ces principes et en organisant ses pouvoirs dans la forme qui lui paraîtra la plus propre à lui procurer la sûreté et le bonheur. »

Presque en même temps, sur le continent européen, un peuple, qui s'est lentement et laborieusement constitué en nation, sous l'égide d'une monarchie, d'abord limitée, puis absolue, rédige un pacte social, la Déclaration des Droits de l'homme et du citoyen de 1789. Il affirme, lui aussi, que les hommes naissent et demeurent libres et égaux, qu'eux seuls peuvent se donner une constitution, que la puissance politique, la souveraineté réside exclusivement dans la nation, qu'aucun individu, aucune fraction du peuple, ne peut s'en attribuer l'exercice, que cette souveraineté nationale est une, indivisible, inaliénable.

En un mot, presque au même moment, le France et l'Amérique affirment solennellement le principe politique de la souveraineté nationale et parviennent à le réaliser à peu près complètement.

Comment cette conception de la souveraineté nationale s'était-elle formée dans les esprits ? Comment était-elle arrivée, en 1789, à son complet développement ? Pourquoi pouvait-elle se réaliser dans les faits, à cette époque, en France et en Amérique ? Je ne veux pas le rechercher, pour le moment du moins. J'ajoute seulement que, en France et en Amérique, on ne se contente pas de voir dans le principe de la souveraineté nationale une règle de politique pratique, propre à guider le législateur dans la rédaction d'une constitution. On y voit beaucoup plus que cela, à savoir, un principe absolu, universel, vrai dans tous les temps et tous les pays, un dogme devant lequel tout homme doit s'incliner, en un mot un article de foi d'une religion révélée. C'est ce qu'exprimait Auguste Comte quand il disait que les hommes de 1789 avaient substitué le droit divin des peuples au droit divin des rois.

Retenons ce caractère du principe de la souveraineté nationale : il explique son évolution, son action, et aussi sa décroissance et sa mort. D'ailleurs, il n'y a là qu'une manifestation de ce grand fait qui se retrouve dans toute l'histoire de l'humanité et que Renan a si bien et si souvent mis en relief : la tendance constante des hommes à donner une vertu surnaturelle à certaines idées. Il y a là souvent une source féconde de force créatrice. Mais il arrive tôt ou tard un moment où la foi diminue, en attendant qu'elle s'éteigne. Alors la force productrice du principe s'affaiblit peu à peu et disparaît. Nous aurons plus tard à rechercher si le moment n'en est pas arrivé pour le dogme de la souveraineté nationale.

IV

En même temps qu'on formulait et qu'on voulait réaliser dans les faits, au point de vue politique, le principe de la souveraineté nationale, au point de vue social on formulait le principe de la liberté individuelle. On lui donnait le même caractère, je veux dire celui d'une vérité absolue, universelle, existant dans tous les temps et dans tous les pays, s'imposant à la croyance des hommes, à la manière d'une religion révélée. A côté du mythe de la souveraineté nationale, on instituait le culte de la liberté individuelle.

Mais disons en quoi il consistait. En effet, l'expression liberté individuelle n'est peut-être pas très exacte, et je lui préférerais un terme français plus large. Au lieu de dire liberté individuelle, il serait plus exact de dire autonomie de la personne humaine. Cette idée de l'autonomie, je pourrais dire de la souveraineté de la personne humaine, elle apparaît avec la même force dans la Déclaration d'indépendance américaine et dans la Déclaration des droits française : « Tous les hommes ont été créés égaux... doués par le créateur de certains droits inaliénables... Parmi ces droits, on doit placer au premier rang la vie, la liberté...,» dit la Déclaration américaine. Et la Déclaration française : « Les hommes naissent et demeurent libres et égaux en droits. »

L'homme individuel est par lui-même une valeur, une force, une réalité, existant en soi et pour soi, antérieurement à la société et indépendamment d'elle. Il a, parce qu'il est homme, suivant l'expression d'un philosophe contemporain M. Henry Michel, « une éminente dignité », qui fait que sa personnalité s'impose comme telle à toute société politiquement organisée. On place l'autonomie de l'individu en face de la souveraineté nationale, et au cas de conflit c'est la souveraineté de la nation qui doit céder. L'autonomie de l'individu est antérieure et supérieure à la souveraineté de la nation et vient la limiter. La puissance politique n'a même d'autre raison d'être que de protéger cette autonomie ; elle peut limiter la liberté de chacun, mais seulement dans la mesure où cela est nécessaire pour protéger la liberté de tous.

D'où venait cette conception de l'autonomie individuelle ? Elle avait un lointain passé que je n'ai point l'intention d'explorer, quel que soit l'intérêt de cette étude. Elle avait trouvé sa première expression précise dans la philosophie stoïcienne. Le christianisme avait affirmé la valeur inestimable de la personne humaine, en enseignant que le rachat de la faute originelle n'avait demandé rien de moins que l'immolation d'un dieu. Mais, à côté de cela, il avait affirmé l'étroite solidarité qui unit toutes les créatures humaines. Le christianisme catholique par le dogme de la communion des saints vient encore renforcer l'étroite solidarité qui unit les hommes et en fait les membres d'un même tout. Mais la Réforme a été un grand mouvement individualiste ; elle a mis au premier plan la personnalité individuelle, et la philosophie cartésienne est venue compléter et parachever la doctrine. La conception de Descartes exprimée dans la formule si connue : « Je pense, donc je suis », a trouvé son expression législative et juridique dans la Déclaration des droits avec la formule que je citais tout à l'heure : « Les hommes naissent et demeurent libres et égaux en droits. » Les termes sont différents ; la conception est identique.

V

Souveraineté nationale, liberté individuelle ou autonomie de la personne humaine, dogmes politiques et sociaux, vénérés à l'égal de dogmes religieux, qui ont eu leurs apôtres et leurs martyrs, et qui ont rempli la vie des sociétés modernes depuis 1789 jusqu'au moment où je parle. Mais les constituants américains et français, en croyant formuler des vérités éternelles, d'une fécondité toujours renouvelée, se faisaient de singulières illusions. Tout change dans ce monde, même les prétendus dogmes, et la date de 1918 marque une transformation profonde dans les conceptions de souveraineté nationale et de liberté individuelle. C'est précisément cette évolution que je me propose d'étudier. Mais, dès aujourd'hui, je dois indiquer sous quel aspect nous apparaît maintenant la double conception de souveraineté nationale et d'autonomie individuelle.

D'abord, qu'est devenue la conception de la souveraineté nationale ?

Pour comprendre la transformation qui s'est accomplie, il faut dès à présent nettement marquer (cela sera développé dans les leçons suivantes) que la conception de la souveraineté nationale comprend en elle-même deux éléments, qui assurément se pénètrent intimement, mais qui cependant se distinguent et que le sociologue doit analyser séparément : d'abord la nation, et ensuite la souveraineté conçue comme puissance commandante.

Cela rappelé, j'estime que l'évolution qui s'est accomplie depuis un siècle a précisément consisté en ce que l'élément nation a pris peu à peu la prééminence sur l'élément souveraineté, jusqu'à l'éliminer presque complètement; que l'année 1918, c'est-à-dire la victoire des Alliés dans la guerre mondiale, a marqué l'achèvement de cette évolution en assurant le triomphe de l'État-nation sur l'État-puissance.

On a dit que la guerre de 1914-1918 avait été, non pas vraiment une lutte entre des États, mais une lutte entre des nations, et on l'appelle déjà la guerre des nations. Il serait plus exact de dire qu'elle a été la lutte entre deux conceptions, entre deux manières de comprendre la vie sociale, entre deux formes d'État, entre la conception de l'État-puissance et celle de l'État-nation. La défaite de l'Allemagne a réalisé le triomphe de la conception nationale, je veux dire le triomphe de cette forme d'État dans laquelle ce qui est au premier plan, ce qui est particulièrement vivant et agissant, c'est la nation elle-même, où ce qui est fort, actif et fécond, ce n'est pas une puissance gouvernante qui commande, mais la masse des individus, qui poursuivent un but commun, qui se sentent unis par une solidarité profonde et qui veulent tous spontanément, d'un même cœur et d'une même âme, assurer la réalisation et la défense d'une idée morale et d'une certaine forme de vie.

Ces deux conceptions opposées de l'État, de l'État-puissance et de l'État-nation, étaient, au moment où la guerre a éclaté, incarnées, si je puis dire, la première par l'Empire allemand, la seconde par la République française. Nous reviendrons plus tard sur ce point avec une certaine insistance. En France, il a fallu que la guerre éclate pour qu'on s'en rende compte. En Allemagne, au contraire, publicistes et juristes avaient depuis longtemps formulé la théorie de l'État-puissance. Tout le monde connaît la phrase célèbre de Treitschke : *Der Staat ist Macht.* Ce qu'on connaît moins, c'est la théorie des juristes professionnels, Laband, Jellinek, enseignant, à la suite de Gerber, que la souveraineté appartient, non point à la nation, mais à l'État pris en lui-même et que la nation n'est qu'un organe de l'État.

Théorie qui recevait des faits une éclatante démonstration. C'est l'Empire allemand, l'État allemand, l'État-puissance, qui a voulu la guerre. Ce n'est pas à dire que la nation ne l'ait pas voulue : elle s'y est précipitée avec enthousiasme et avec une joie délirante. Suivant le mot de l'Empereur, elle a commencé avec allégresse « la guerre fraîche et joyeuse ». Mais elle voulait la guerre parce que l'État allemand la voulait ; elle était un organe obéissant de l'État allemand, et l'on ne peut pas dire que, pour l'Allemagne, la guerre ait été une guerre nationale ; elle était une guerre ordonnée par l'État allemand et pour la puissance de l'État allemand.

Pour la France, au contraire, la guerre a été une guerre exclusivement et absolument nationale. Mon savant ami, Jullian, professeur au Collège de France, a pu écrire que, depuis la guerre de Cent ans, c'est la seule de nos guerres qui ait été, vraiment, purement nationale. C'est la nation elle-même qui, dans une minute sublime, s'est d'abord dressée frémissante contre l'envahisseur et lui a barré la route. C'est la nation tout entière qui a ensuite voulu conduire la guerre jusqu'au moment où il serait certain que sa sécurité et sa façon de comprendre la vie seraient désormais garanties contre toute nouvelle attaque.

L'Angleterre, les États-Unis sont entrés dans la guerre avec le même esprit. C'est l'idée nationale qui s'est dressée avec toute sa force contre l'idée de puissance, de force commandante; et, au 11 novembre 1918, c'est l'idée nationale qui triomphait de l'idée de puissance commandante souveraine.

En même temps que la fin de la guerre marquait l'achèvement de cette évolution dans le domaine politique, elle marquait aussi, sinon l'achèvement, du moins un moment important dans l'évolution des conceptions sociales. Mais ici les choses sont plus compliquées, et il faudra plus tard, pour les bien comprendre, donner d'assez longs développements. Contentons-nous pour aujourd'hui de dire que la fin de la guerre marque une décroissance profonde, et dans les faits et dans les esprits, de la conception individualiste, à la manière de 1789, qu'une conception dite solidariste vient remplacer la conception individualiste traditionnelle, et que ce qu'on appelle le mouvement syndicaliste n'est, à vrai dire, que la substitution d'un certain agencement de la vie sociale à la construction individualiste. Le syndicalisme est à la fois une doctrine et un fait ; nous l'étudierons non comme doctrine, mais comme fait, et nous verrons qu'il est la tendance qu'ont les nations modernes à se donner une organisation fondée sur la coordination et la hiérarchisation des classes professionnelles.

J'ai terminé et je conclus que la fin de la grande guerre a marqué le triomphe de l'État-nation sur l'État-puissance, et ainsi une profonde transformation de la conception et des applications du principe de souveraineté nationale. Pour le bien comprendre et en donner la démonstration, il faut tout d'abord rechercher ce que c'est qu'une nation. Ce sera précisément l'objet de la prochaine leçon.

DEUXIÈME LEÇON

Qu'est-ce qu'une nation ?

Mesdames, Messieurs,

Dans notre précédent entretien, nous avons vu comment la première question qui se présente à nous est celle de savoir ce que c'est qu'une nation. Question extrêmement complexe, question qu'il faut bien résoudre cependant, si nous voulons comprendre les grands problèmes sociaux et politiques qui se posent aujourd'hui.

La guerre de 1914-1918, on l'a déjà dit bien souvent, a été la guerre des nations, et elle a fait triompher le principe dit des nationalités. Le traité de Versailles du 28 juin 1919 lui a donné la consécration du droit international. Le président Wilson l'avait proclamé dans son célèbre message du 22 janvier 1917. Plusieurs nations, qui n'avaient pas avant la guerre une existence politique indépendante, se sont constituées en Etats souverains, la Pologne, la Tchéco-Slovaquie, la Yougo-Slavie. La guerre, ai-je dit aussi, a fait triompher la conception de l'État nation sur la conception de l'État-puissance. Mais, pour comprendre tout cela, il faut évidemment avoir une notion nette, précise de ce qu'est une nation. A quel moment pouvons-nous dire qu'une collectivité humaine a acquis le caractère de nation ? A quel signe reconnaîtrons-nous qu'elle possède ce caractère ?

Incontestablement, on peut dire que toute définition à cet égard sera un peu arbitraire et, en tout cas, conventionnelle. Sans doute, toute terminologie, toute définition a quelque chose de conventionnel. Mais c'est précisément pour cela qu'il faut s'entendre sur le sens que l'on donne aux mots et désigner par les mêmes mots les mêmes choses, et par des mots différents des choses différentes.

Quelle est donc l'espèce de collectivité humaine que nous désignerons du nom de nation, et seulement celle-là ? Et pourquoi réservons-nous seulement à celle-là le nom de nation ?

I

Renan, dans une conférence qui est restée célèbre, à laquelle il avait donné pour titre : *Qu'est-ce qu'une nation ?* concluait après un très beau développement littéraire : « La nation est une formation historique. »

Ce n'est pas douteux. Il est incontestable qu'il faut chercher les éléments constitutifs d'une nation dans la communauté de traditions, d'aspirations, de besoins, dans le souvenir des luttes entreprises, des triomphes remportés et surtout des souffrances endurées pour une cause commune. Mais tout cela reste vague et imprécis. Il faut essayer de pénétrer plus avant dans la réalité des choses. Pour déterminer les conditions auxquelles on peut vraiment attribuer à une collectivité le caractère de nation, je ne vois d'autres moyens que de faire appel à la sociologie et à l'histoire.

D'abord, il est un fait, aujourd'hui unanimement reconnu par la sociologie : la nation est un phénomène de l'époque moderne, mais qui n'est pas le produit d'une génération spontanée. Sans doute, il était inconnu de l'antiquité et du moyen âge ; il n'a apparu avec un caractère nettement défini qu'aux temps modernes, et surtout à cette date de 1789 dont j'ai parlé longuement dans la première leçon ; mais il a été longuement et lentement préparé.

Je ne veux point analyser en détail les divers aspects qu'ont revêtus successivement les groupements humains. Cependant il n'est pas inutile de rappeler d'un mot ce que les sociologues appellent les différentes étapes de la morphologie sociale, ou plus simplement les différents types de sociétés humaines qui se sont succédé.

L'homme n'a jamais vécu seul ; il est par nature un être social ; il ne peut pas vivre isolé ; il n'a jamais vécu isolé. La conception de l'homme naturel, vivant isolé et entièrement libre, à l'état de nature, conception si chère aux philosophes du xviiie siècle, est tout à fait étrangère à la réalité, et aujourd'hui unanimement abandonnée. L'homme a toujours vécu encadré dans les liens d'un groupe social. L'homme s'est saisi comme être social, avant de se saisir comme être individuel ; ou, en d'autres termes, il a eu la conscience de sa vie collective, avant d'avoir la conscience de sa vie individuelle. La formule de Descartes : « Je pense, donc je suis » n'est pas vraie ; ou du moins, elle n'est vraie qu'à un certain stade de la pensée humaine. L'homme a pensé la société avant de se penser lui-même.

Une des manifestations par excellence de cette forme primaire de la pensée humaine et, en même temps, une preuve de la pénétration indissoluble de l'homme et du groupe auquel il appartient, c'est le fait que M. Durkheim a si bien établi dans son beau livre : *Les formes primitives de la conscience religieuse*, à savoir que l'objet du culte le plus ancien a été le groupe lui-même, la tribu dont le totem est le symbole, et qu'ainsi la religion totémique, qui a soulevé tant de controverses, avait pour objet le groupe social lui-même.

Si je dis cela, et si j'y insiste, c'est pour montrer, dès à présent, comment un lien indissoluble attache l'homme au groupe dont il fait partie, comment la conscience de ce lien s'est manifestée activement dès le stade primitif de l'humanité, et comment cela était la conséquence même de la nature de l'homme. C'était la forme première du sentiment de la patrie ; et ainsi, ce sentiment, qui occupe une si grande place dans notre vie sociale et internationale, n'est point, comme d'aucuns le prétendent, un sentiment artificiel et momentané ; il prend sa source dans le tréfonds irréductible de la nature humaine ; il a sa raison d'être au plus profond de l'homme.

Quelle a été la forme générale de ces groupes humains tout à fait primitifs ? C'est ce que je ne veux point rechercher ; je laisse ce soin aux sociologues de profession, qui ont d'ailleurs institué à cet égard de nombreuses controverses. Était-ce la horde, la tribu, le clan, la famille patriarcale ? Autant de questions discutées, auxquelles on ne peut répondre que par des hypothèses et qui d'ailleurs n'ont peut-être pas beaucoup d'intérêt. Mais, un point certain, c'est qu'à l'époque historique, dans les populations indo-européennes et sémitiques, nous voyons apparaître très généralement un groupement social à structure très nettement déterminée et dont les éléments constitutifs sont fortement intégrés les uns aux autres ; c'est la famille patriarcale. Tous les parents, par les mâles, sont placés sous l'autorité du plus âgé, qui est le chef de la famille, l'administrateur du patrimoine familial et le pontife du culte domestique.

II

Si j'ai dit un mot de la famille patriarcale, c'est qu'elle a préparé la cité antique, comme celle-ci a préparé la nation moderne. La cité n'a été originairement qu'une réunion de familles, rapprochées par des intérêts communs et poursuivant en commun la défense commune. Tout ce que nous savons des anciennes cités, et particulièrement de la cité romaine, nous montre qu'à leur origine elles étaient des associations d'un certain nombre de familles. Le Sénat romain, qui devait avoir une si illustre histoire, n'était, à l'origine, que le conseil des chefs de familles, les *Patres*.

Quoi qu'il en soit, arrêtons-nous un peu sur la cité antique, et tâchons d'en montrer les caractères essentiels. Cela n'est point inutile pour comprendre par opposition les caractères de la nation moderne.

La cité est un groupement social de minime importance, une ville et le territoire qui l'entoure immédiatement. Qu'on n'oublie pas que la moitié de la population à peu près est esclave. Athènes, au moment de sa splendeur, ne contenait pas plus de quelques milliers d'hommes libres, et Rome, dans les premiers siècles de son histoire, pas davantage. Chez l'une et l'autre, apparaît une différenciation de classes sociales, et leur histoire ne peut être comprise que si l'on comprend bien ce fait social de haute importance.

C'est la première fois que nous rencontrons ce mot classe, et il faut s'arrêter un instant sur la chose qu'il désigne. Très souvent, et c'est aujourd'hui la thèse de toutes les écoles socialistes, syndicalistes, communistes, bolchevistes, on dit que la différenciation des classes sociales consiste et a toujours consisté uniquement dans la distinction de

ceux qui possèdent et de ceux qui ne possèdent pas,
des capitalistes et des prolétaires, des riches et des
pauvres, et on part de là pour prêcher la doctrine
abominable de la lutte des classes. J'estime, au contraire, que la division en classes est quelque chose
de beaucoup plus compliqué et qui se rattache à la
diversité des tâches que les individus accomplissent
dans une société donnée, les individus tendant spontanément à se grouper suivant la communauté des
besognes qu'ils accomplissent. J'estime que ce qui
seul peut assurer la vie sociale et le progrès, c'est
la coordination de leurs efforts, et non point la lutte
des classes, qui ne peut créer que de la misère et de
la souffrance.

C'est là un point sur lequel je me propose de revenir plus tard. Pour le moment, tenons-nous-en à la
cité ancienne. Il n'est pas contestable que l'histoire de
certaines cités, et particulièrement de la plus illustre,
la cité romaine, est remplie par les luttes des plébéiens
contre la classe aristocratique, contre l'aristocratie
de naissance, contre l'aristocratie de fortune, et que
ce conflit constant a été l'élément principal qui a
influé sur la formation des institutions politiques de
Rome. Mais, malgré cette lutte continuelle, la cité
romaine a toujours été un groupement social, fortement intégré. Les hommes qui le composent sont
étroitement unis entre eux, parce qu'ils ont le souvenir de leur origine commune, parce qu'ils pratiquent
un culte commun, parce qu'ils ont le sentiment très
net que toute leur vie, matérielle et morale, dépend

de la vie même de la cité. Par là, et comme conséquence, ils sont tous pénétrés de cette idée que la
cité peut tout leur demander, qu'ils n'ont point le
droit de lui refuser quoi qu'elle demande, fussent leurs
biens et leur vie.

A ce propos, il n'est pas inutile de remarquer en
passant que cette liberté antique tant vantée était
quelque chose de bien différent de la liberté moderne,
et que la notion que le citoyen de Rome ou d'Athènes
se faisait de la liberté était tout autre que celle
que s'en forme l'homme moderne. Quand nous parlons de la liberté, nous voulons dire, aujourd'hui,
qu'il y a certaines choses que l'Etat ne peut pas faire,
et que, comme je l'expliquais dans notre premier
entretien, l'individu a des droits contre l'Etat, droits
auxquels celui-ci ne peut pas porter atteinte. Au
contraire, le membre de la cité antique n'a pas la
moindre idée que la cité ne puisse pas tout faire et
ne puisse pas lui demander quoi que ce soit. Mais
il se croit libre quand la cité ne peut demander à
tous que la même chose, ne peut demander aux uns
plus qu'aux autres. En un mot, pour l'homme de
l'antiquité, ce qui constitue la liberté, c'est l'égalité.
Il se croit libre lorsque la cité ne peut limiter l'activité de l'individu que par des dispositions générales,
les mêmes pour tous ; mais, sous cette condition, la
cité peut tout faire.

Ainsi, le citoyen de Rome ou d'Athènes est vraiment la chose de la cité. Il accepte, sous la réserve
que je viens d'indiquer, cette complète et absolue

sujétion. La cité prend le tout de lui-même ; c'est en elle et en elle seulement qu'il trouve la réalisation de sa vie matérielle et de sa vie morale. Ainsi, naît le sentiment de la cité, la conscience que l'individu fait partie d'un tout plus grand et plus fort que lui, sans lequel il ne peut pas vivre et qui le domine complètement. L'amour de la cité est profondément enraciné au cœur de l'individu. Cet amour profond ne peut pas ne pas exister, à raison de l'origine même de la cité, à raison de la nature physique, intellectuelle et morale de l'homme.

Je disais tout à l'heure que les membres de la petite tribu primitive étaient tellement pris dans le lien social qu'ils avaient divinisé le groupe dont ils faisaient partie et que le symbole de ce groupe, le totem, avait été l'objet premier de son activité religieuse, ou, pour parler comme votre grand philosophe, William James, l'objet premier de son expérience religieuse. On peut en dire autant des membres de la cité. Sans doute, ils ne l'ont pas divinisée ; mais elle a ses dieux propres, et leur culte fait partie intégrante d'elle-même. En adressant ses hommages à la divinité protectrice, le citoyen les adresse à la cité elle-même. Pallas Athêné, la déesse de la sagesse et de la vérité, protège Athènes qui lui élève le Parthénon. Jupiter Capitolin préside aux destinées de Rome, et son culte n'a ni un infidèle ni un athée. La cité, la divinité qui la protège sont indissolublement liées, et le citoyen est à la fois le serviteur de la cité et le fidèle de la divinité.

III

Cette cité romaine, si fortement constituée, va fonder un empire. Mais cependant, jamais le Romain ne s'élèvera à la conception d'un groupement social plus compréhensif que celui de la cité et dans lequel serait encadré l'individu comme il l'est dans la cité.

Les Romains conquièrent peu à peu le monde connu à leur époque; mais jamais il n'y eut une nation romaine. Cette conquête, en effet, ressemble singulièrement à ce que nous appelons aujourd'hui une colonisation. Le mot colonie est d'ailleurs une création de l'administration romaine. D'autre part, nous voyons apparaître à Rome une conception qui devait occuper une place immense dans l'histoire et qui se retrouve encore dans la vie des peuples, quoiqu'elle s'amoindrisse chaque jour davantage, la conception de la puissance commandante, de la souveraineté. Le mot n'est pas encore connu, mais la chose existe. Le mot latin est *imperium*, mot qui désigne sans doute surtout le pouvoir du magistrat romain, mais aussi la puissance commandante de la cité romaine. L'*imperium* est, suivant l'expression moderne, une volonté de puissance, c'est-à-dire une volonté qui a la puissance propre de s'imposer, à raison de sa nature, une volonté qui est supérieure, par nature, aux autres, et qui peut leur donner des lois. La cité romaine se croit investie de cette volonté, et elle prétend l'imposer à toutes les parties de l'univers qu'elle a conquises :

Tu regere imperio populos, Romane, memento.
Hæ tibi erunt artes ; pacisque imponere morem,
Parcere subjectis, et debellare superbos.

Il arrive un moment où cette puissance impériale
de la cité romaine s'incarne dans un homme, suivant
la formule bien connue : *Quod principi placuit
legis habet vigorem*. Cette puissance de la cité
romaine d'abord, de l'empereur ensuite, s'étend sur
des populations et des territoires très divers. Beaucoup de ces populations forment, elles aussi, des
cités, avec une autonomie relative sous le contrôle
et la protection de Rome. D'autres ne forment aucun
groupement défini : elles se rattachent à la cité voisine, ou elles reçoivent leurs lois et leur administration du proconsul romain.

Ainsi, la forme sociale cité se maintient dans
l'empire romain, même au moment où la toute-puissance de Rome se concentre entre les mains de l'empereur. Nulle part on ne voit apparaître dans l'empire romain une trace quelconque de ce qui sera la
nation moderne. A quel moment donc et sous quelle
influence apparaît cette nouvelle forme de groupement
social ?

Vous connaissez le grand fait qui s'accomplit en
Europe au ve et au vi^e siècle de l'ère chrétienne.
Il est capital dans l'histoire des sociétés civilisées
modernes, et il est impossible de n'en pas parler,
quand on recherche ce que c'est qu'une nation
et comment se sont formées les nations modernes.
Le fait dont je parle, c'est celui que les manuels

d'histoire de France appellent en général l'invasion des Barbares. Cette expression a le don d'irriter profondément les professeurs allemands, et je me rappelle que, causant, il y a quelque trente ans, avec l'un d'eux, à Munich, et ayant parlé de l'invasion des Barbares, je provoquais chez lui la plus vive irritation. Ne parlons donc pas d'invasion des Barbares, mais disons qu'il y eut, pendant les v⁰ et vⁱ⁰ siècles de l'ère chrétienne, une immigration considérable des populations germaniques vivant à l'est de l'Europe et venant s'établir soit par infiltration, soit par la conquête, dans les plus riches parties de l'Empire romain, et particulièrement en Gaule, en Italie et en Espagne. Des royaumes se constituent avec des chefs germaniques régnant sur un mélange des immigrés et des populations habitant ces divers pays au moment de l'invasion.

Un chef franc de génie, dont le souvenir a laissé une trace profonde dans la mémoire des hommes, autour duquel sont nées de nombreuses légendes et qui a été le point de départ de tout un cycle de poésies épiques, arrive à reconstituer un moment l'Empire romain d'Occident. Mais, quand sa main de fer n'est plus là pour tenir unies sous son sceptre les diverses populations qu'il a rassemblées, son empire s'effondre ; et au traité de Verdun, conclu en 843 entre les trois petits-fils du grand empereur, Charles le Chauve, Louis le Germanique et Lothaire, les pays de l'empire carolingien sont partagés, et ainsi, dès cette date, on voit apparaître les trois éléments, qui, avec les siècles, vont devenir les trois grandes nations de l'Europe continentale, la France, l'Allemagne et l'Italie. Cependant il n'y a point encore de nations. Comment vont-elles se former? A quel moment pourra-t-on dire qu'il y a une nation française, une nation allemande, une nation italienne ? Quel va être le facteur essentiel de cette formation ?

IV

Incontestablement, le premier élément de la formation nationale est le territoire : territoire plus ou moins étendu ; non plus une ville, comme l'élément constitutif de la cité antique, mais un territoire contenant des villes et des campagnes. Non pas qu'il faille, pour qu'il y ait une nation, un territoire formant véritablement une unité géographique. On peut citer des exemples de nations qui ont certainement leur individualité propre et qui cependant habitent un territoire ayant les mêmes limites géographiques. La nation espagnole et la nation portugaise habitent la péninsule ibérique, qui ne forme évidemment qu'une seule unité géographique ; de même la nation norvégienne et la nation suédoise établies dans la péninsule scandinave formant elle aussi une seule unité géographique.

Mais, pour qu'une nation puisse se constituer, il faut incontestablement un territoire qui corresponde aux caractères propres du peuple qui l'habite.

Certains esprits prétendent même que c'est le territoire qui fait la nation, lui donne ses caractéristiques et conditionne son histoire. Les géographes ont aujourd'hui une tendance à expliquer tous les événements historiques par l'influence du territoire. Évidemment, il y a là une exagération. Mais certainement il est vrai que le territoire est le substratum fondamental de la nation. Il ne peut y avoir de nation que s'il y a un territoire déterminé et affecté à une collectivité donnée. Il y a une nation lorsque la masse des hommes qui habitent ce territoire est profondément pénétrée de cette pensée qu'ils ne peuvent vivre que sur ce territoire, qu'ils sont indissolublement attachés à lui et prêts à le défendre par tous les moyens, jusqu'à la mort, contre quiconque voudrait leur en arracher un lambeau et les priver de la possibilité d'y vivre comme ils l'entendent, d'y pratiquer, suivant l'expression dont je me suis déjà servi, la forme de vie qui répond à leurs aspirations, à leur nature physique et morale. En parlant de forme de vie, j'entends la vie physique et la vie morale ; les deux choses ne vont pas séparément.

Dans l'ordre physique, c'est sur le territoire qu'il habite que l'homme trouve la satisfaction de ses besoins, qui se sont naturellement adaptés aux ressources du pays. Mais c'est surtout dans l'ordre moral qu'un lien intime et puissant se forme entre le territoire et la population. La liberté de penser, de croire, les opinions philosophiques et la foi religieuse, les idées morales en un mot, tout ce qui forme le fond de la personnalité humaine, le principe de la vie individuelle, la règle de conduite, l'homme rattache tout cela au territoire qu'il habite, et c'est lorsque la masse des esprits a la conscience profonde qu'il y a une interdépendance indissoluble entre ces éléments et le territoire que la nation se trouve constituée.

Si ce que je dis est exact, on comprend en même temps comment doit être profondément ancré au cœur de l'homme le sentiment national, disons le mot, l'amour de la patrie nationale. C'est exactement le même sentiment que nous avons vu rattacher l'homme d'abord à sa tribu, ensuite à sa famille, puis à la cité. L'homme fait partie d'une tribu, d'une cité, précisément parce qu'il est homme, parce qu'il est de nature un être social, parce que physiquement et psychologiquement il ne peut pas ne pas faire partie d'un groupe. Il a été membre de la tribu, de la famille, de la cité ; il est membre de la nation ; il est pris par elle tout entier, je pourrais dire corps et âme, et le membre d'une nation est comme une cellule vivante de l'organisme national, qui concourt à en assurer la vie, mais qui meurt elle-même, si elle en est détachée.

Ajoutons que, dans le sentiment de la patrie, il ne faut pas l'oublier, il y a aussi quelque chose de mystique, de religieux, qui, d'un degré plus élevé sans doute, est cependant tout à fait du même ordre que le culte totémique de la tribu et la vénération adressée par les anciens aux divinités protectrices de la cité.

V

Quelles sont les causes qui ont produit la naissance, chez les hommes d'un groupe social fixé sur un territoire donné, de l'état de conscience que je viens de décrire et qui rattache intimement leur vie morale, intellectuelle, physique à ce territoire, qui fait des individus et du territoire un tout unique, si bien qu'on a pu appeler la nation une corporation territoriale.

On a mis en avant divers éléments ; mais chacun d'eux est impuissant à expliquer à lui seul la formation nationale. Je ne veux pas dire que les éléments auxquels je fais allusion n'aient pas influé sur la constitution de certaines nations ; mais je prétends, et je crois pouvoir démontrer, dans la prochaine réunion, que chacun de ces éléments, pris séparément, aurait été impuissant à former le corps national.

Les éléments mis en avant sont principalement la communauté d'autorité politique, la communauté de race, la communauté de religion. Je ne nie pas que ces éléments aient agi sur la formation des corporations nationales, mais par eux seuls ils auraient été impuissants. Qu'on se rappelle pour le moment seulement la subordination, pendant de longs siècles, de populations diverses à la monarchie autrichienne : elle n'a point constitué une nation autrichienne. La subordination de l'Irlande à la puissance britannique n'a point, que je sache, incorporé la population irlandaise à la nation anglaise.

Sans doute, la communauté de races a été un facteur puissant de formation nationale. Aujourd'hui même, on paraît confondre nation et nationalité. Les nationalités sont des réunions d'hommes ayant probablement la même origine ethnique, mais ne sont pas nécessairement des nations. Outre que les origines ethniques sont extrêmement incertaines, il n'y a pas, à l'heure actuelle, de race pure. Nous connaissons de grandes nations qui se composent de races très diverses. Et, à l'inverse, il y a des groupements d'hommes certainement de même origine et qui, cependant, ne sont point des nations. Je persiste à penser que l'origine ethnique n'a été qu'un facteur secondaire dans la formation nationale. Quel a donc été le facteur essentiel, l'élément générateur par excellence? Comme Renan, je réponds : la lutte en commun pour l'atteinte d'un but commun et surtout pour l'atteinte de l'idéal commun. En parlant d'idéal, je veux dire un but que les hommes d'un même pays se croient en quelque sorte prédestinés à poursuivre et à réaliser. Cet idéal peut être plus ou moins élevé car il est bien difficile de ne pas admettre une échelle des valeurs sociales. Disons que cet idéal peut être d'ordre moral et d'ordre matériel ; il est le plus souvent l'un et l'autre en même temps.

Ce qui fait la nation, c'est que tous les membres de la collectivité sociale, fixée sur un territoire déterminé, depuis ie plus humble jusqu'au plus grand, depuis le plus ignorant jusqu'au plus savant, ont la conscience très nette qu'ils poursuivent ensemble la réalisation d'un certain idéal se rattachant au territoire qu'ils habitent et qu'ils ne peuvent atteindre que par la possession du territoire. Voilà le fondement par excellence de l'unité nationale.

Cette unité nationale sera d'autant plus forte, l'unité de l'âme nationale, si je puis dire, sera d'autant plus indéfectible que les luttes pour réaliser le but commun ont été plus longues et plus dures, les épreuves plus redoutables et plus prolongées, les souffrances plus aiguës et plus meurtrières; car, d'une nation comme de l'humanité, il est vrai aussi de dire qu'elle est faite de plus de morts que de vivants.

C'est ce que j'essaierai de montrer dans notre prochain entretien, en recherchant quels sont les groupes sociaux qui peuvent prétendre aujourd'hui être des nations.

TROISIÈME LEÇON

Quels groupements sociaux sont aujourd'hui des nations?

MESDAMES, MESSIEURS,

Je terminais la dernière leçon en disant que ce qui fait une nation, c'est la conscience existant au même moment chez tous les individus d'un même goupement social qu'il y a une intime et profonde interdépendance entre le territoire et la population qui l'habite et que, seulement par le territoire, elle peut remplir sa destinée, je veux dire atteindre l'idéal d'ordre matériel ou moral qu'elle s'est fixé. J'ajoutais que le lien national est d'autant plus résistant et fort qu'il y a eu plus de luttes, plus d'épreuves, plus d'efforts, plus de souffrances pour conquérir la possession paisible de ce territoire. Je disais aussi que l'origine commune, la nationalité, ne suffit pas à constituer une nation, que, pour qu'il y ait nation, il faut que ce sentiment d'interdépendance ait pénétré profondément dans la conscience de tous les membres du groupe, chez les puissants et chez les faibles, chez

les riches et chez les pauvres, chez les savants et les
ignorants, chez les gouvernants et les gouvernés ; et
enfin qu'il y a dans ce sentiment quelque chose de
mystique, de religieux, qui lui donne d'autant plus de
force qu'il puise son origine au tréfonds même de la
nature humaine.

Le moment est venu de rechercher maintenant
quels sont les grands groupements sociaux de l'é-
poque actuelle auxquels nous pouvons reconnaître ce
caractère national. Évidemment, il nous est impossible de les passer tous en revue. Je ne prendrai que
quelques exemplaires types, et choisis, bien entendu,
parmi ceux qui ont pris part à la grande guerre.

I

Je me suis demandé, et non sans une certaine per-
plexité, comment nous pouvions nous y prendre pour
faire l'épreuve et pour reconnaître si les idées dé-
veloppées précédemment étaient exactes, si, en effet,
ce que j'ai appelé le sentiment national avait pénétré dans un pays donné au plus profond des consciences simples et ignorantes. Voici ce à quoi j'ai
pensé, et qui m'a été suggéré, je dois le dire, par
les longues causeries que j'ai eues sur le bateau avec
un Français, qui avait fait toute la campagne comme
officier d'artillerie.

Supposez qu'au moment qui a marqué le point
culminant de la guerre, au mois de mars 1917, c'est-à-
dire au moment où la Russie était encore dans la

lutte et où les États-Unis venaient d'y entrer, vous ayez pu parcourir les différents fronts et interroger le soldat le plus humble, le plus illettré et que vous lui ayez demandé : « Pourquoi te bats-tu ? » Quelle réponse auriez-vous reçue ? Certainement, je ne me trompe pas en disant que voici à peu près les réponses qui vous auraient été faites.

Le poilu français vous aurait répondu : « Je me bats, parce que je ne veux pas être Boche. » J'ai vu défiler, dans les hôpitaux, de nombreux blessés de toutes les classes sociales ; je leur ai posé souvent la question ; c'est toujours la réponse qui m'a été faite : « Je ne veux pas être Boche. » Le brave poilu, en répondant ainsi, ne se doutait pas que, d'un mot, il résumait toute l'histoire de son pays. La nation française s'est constituée au cours des siècles et a conquis sa forte individualité contre l'Allemagne et pour ne pas être allemande.

Vous auriez interrogé le soldat belge ; sa réponse aurait été bien simple : « Je me bats, parce que l'Empereur allemand, contrairement au droit des traités et à la foi jurée, a violé la neutralité du territoire que j'habite. »

A la même question, le Serbe aurait répondu qu'il se bat parce qu'un gouvernement impérial a prétendu porter atteinte à son indépendance nationale, qu'il a conquise lentement contre le Turc, et parce qu'il entend ne pas être asservi aux Habsbourgs.

Auriez-vous posé la même question au tommy anglais, il vous aurait dit, à peu de chose près, ceci :

« Je me bats, parce que j'appartiens à une nation, qui a constitué un immense empire colonial, qui prétend à la primauté commerciale et maritime dans le monde, qui ne veut pas, qui ne doit pas vouloir qu'une autre nation lui ravisse cette primauté et s'installe à Anvers pour la menacer dans sa situation insulaire. »

Le soldat américain, auquel vous auriez posé la même question, vous aurait assurément répondu quelque chose qui, en des termes moins éloquents, aurait signifié ce que disait, le 1er septembre 1918, le président Wilson, en s'adressant aux ouvriers américains : « Ceci est une guerre dont le but est de garantir les nations et les peuples du monde entier contre toute puissance telle que l'autocratie allemande. C'est une guerre d'émancipation, et tant qu'elle ne sera pas gagnée, les hommes ne pourront nulle part vivre sans crainte, ni respirer librement en accomplissant leur besogne quotidienne et se dire que les gouvernants sont leurs serviteurs et non pas leurs maîtres. »

Passons les lignes allemandes. Qu'aurait répondu le Michel allemand si vous lui aviez demandé pourquoi il se bat ? A coup sûr ceci : « Parce que l'Empereur le veut. » Et si, poursuivant l'interrogatoire, vous lui aviez demandé pourquoi l'Empereur le veut, il vous eût dit certainement : « Pour que l'Allemagne soit au-dessus de tout : *Deutchland über alles* ; l'Allemagne doit être au-dessus de tout ; et, pour qu'elle le soit, il faut qu'elle écrase sa voisine de l'ouest. »

Le soldat autrichien vous eût répondu probablement ceci : « Je me bats, parce que je ne peux pas faire autrement, parce qu'une puissance politique à laquelle je suis en fait subordonné me le commande et que, si je ne me battais pas, je serais fusillé. » Disons en passant qu'incontestablement c'est cette mentalité du soldat qui a été la cause principale de la faiblesse de l'armée autrichienne, toujours battue quand elle combattait seule, sans être encadrée par des troupes allemandes, battue par les Serbes, battue même par les Italiens.

Et les soldats italiens, qu'auraient-ils répondu à notre question ? Vraisemblablement ceci. Mais, très franchement, je n'en suis pas bien sûr, parce que j'ai fait l'expérience, ayant vu dans les hôpitaux beaucoup de soldats italiens blessés ou malades et que leur réponse était un peu obscure et leur ardeur à se battre tout à fait relative. Cependant il y avait bien chez eux cette pensée, très confuse il est vrai, qu'ils se battaient parce que, pour que leur nation fût complètement constituée, il fallait qu'elle réunît des populations de même race qu'eux et qui étaient soumises à la domination étrangère, et que le sol qu'elles habitaient fût rattaché au territoire national italien.

Enfin, qu'aurait dit le moujik russe si vous lui aviez posé notre question ? Sa réponse ne fait point de doute, pas plus que celle du moujik de l'armée rouge si vous lui posiez aujourd'hui la même question : « Je me bats, aurait-il répondu, parce qu'une puissance supérieure le veut. » Puissance supérieure, le tzar ou le dictateur Lénine ; c'est exactement la même chose. Si, poursuivant le dialogue, vous aviez demandé au Russe : « Pourquoi le tzar, le dictateur veulent-ils que tu te battes ? » Certainement vous auriez entendu ces mots, ou bien *Niponimai*, je ne comprends pas ; ou bien *Nitchevo*, ce n'est rien, qu'importe ! Je ne comprends pas, qu'importe ! toute la Russie est dans ces deux mots.

II

Après cela, ne sommes-nous pas en droit de dire : Oui, il y a une nation française ; oui, il y a une nation belge ; oui, il y a une nation serbe ; oui, il y a une nation américaine ; oui, il y a une nation anglaise et une nation italienne, quoique cependant, à l'égard de celle-ci, il y aurait peut-être à faire quelques réserves sur lesquelles il ne m'est pas possible d'insister. Oui, il y a une nation allemande. Mais, il n'y avait point de nation autrichienne. Il y avait un gouvernement impérial autrichien qui imposait sa puissance à des populations diverses, qui n'avaient aucun lien entre elles, qui ne tendaient qu'à se détacher de la domination impériale, à se grouper par nationalités, peut-être à former des nations nouvelles. Mais une nation autrichienne, c'est une chose qui n'a jamais existé. Quand j'entendais certains juristes publicistes définir l'État une nation organisée en gouvernement, j'opposais toujours à cette définition l'exemple de l'Autriche et je disais : l'Autriche est un État ; on ne peut point lui contester ce caractère ;

et cependant où est la nation autrichienne? Je ne la
vois nulle part. Il y a des Allemands, des Hongrois,
des Slaves, des Italiens, des Tchèques, des Slovènes,
des Slovaques, des Polonais, des Galiciens, et que sais-
je encore? Mais d'Autrichiens point du tout. C'est pourquoi, lorsque l'armée autrichienne a été vaincue,
l'État autrichien s'est par là même immédiatement
disloqué, parce qu'il n'avait pas le support d'une
nation.

Aussi bien, quand j'entends reprocher au gouvernement français, qui a signé les traités de paix, de
n'avoir pas tenté de reconstituer une Autriche puissante pour faire contrepoids à l'Allemagne, je reste
convaincu que le reproche est mal fondé, parce qu'il
y a des choses que les plus habiles politiques ne peuvent pas faire, ces choses étant contraires aux forces
sociales qui, je suis tenté de le croire à certains
moments, agissent avec la puissance irrésistible des
forces physiques. Pour faire une Autriche puissante,
faisant contrepoids à l'Allemagne, il aurait fallu qu'il
existât une nation autrichienne, et il n'y en avait point
et il n'y en a jamais eu.

Et la Russie, dira-t-on? Qu'on ne me parle pas de
la nation russe : c'est une expression qui ne contient
pas un atome de réalité. Je suis allé en Russie, il y a
déjà longtemps, il est vrai, puisque c'était en 1887 ;
j'y ai fait un long séjour, au cœur même de l'immense
empire, à Moscou, à Nijni-Novogorod et à Kasan.
J'y ai vu beaucoup de monde appartenant à des milieux différents ; j'ai rapporté alors de mon séjour

l'impression très nette que la Russie était encore bien loin de ce que nous pouvons appeler le stade national; et, d'après toutes les lectures que je fais, je crois bien que les choses n'ont pas changé depuis. L'immense majorité de la population russe se compose de paysans illettrés, totalement ignorants et ne comprenant qu'une chose, la possession d'un lopin de terre suffisant pour assurer leur subsistance et celle de leur famille. Ils vivent engourdis par le froid une moitié de l'année. Au sommet, une classe supérieure comprenant, avant l'avènement du bolchevisme, deux groupes : l'aristocratie de fortune ou de naissance et les intellectuels. Les aristocrates d'origine ou de fortune, d'une moralité suspecte, ne pensant qu'aux faveurs d'où qu'elles viennent, ne songeant qu'à exploiter ce qui leur restait de privilèges et à dépenser à Paris ou à Nice les revenus parfois considérables de terres cultivées par les moujiks. Les intellectuels, tous déséquilibrés, parce qu'ils sont arrivés trop rapidement, sans étape, à un degré supérieur de civilisation, ce qui a comme enivré leurs cerveaux slaves. Déjà, en 1887, beaucoup d'entre eux rêvaient d'un bouleversement général, d'une catastrophe mondiale, sous prétexte de régénérer l'humanité. Je me rappelle encore un célèbre avocat de Moscou nous déclarant froidement dans un grand dîner quasi officiel : « Avec les tyrans, il n'y a que le fer et le feu. »

Disons, en outre, qu'en Russie il n'y avait pas à vrai dire de classe moyenne, cette classe formée de quantité de braves gens qui sont en même temps capitalistes et travailleurs, et qui, pour certains pays, comme la France, constituent l'élément essentiel de la structure nationale. Bref, nulle part ne m'était apparue dans l'esprit du Russe la conscience nette qu'il appartenait à une nation, c'est-à-dire à un groupement fortement constitué, dont tous les membres poursuivent un idéal commun. Je n'y avais vu qu'une masse amorphe de populations prêtes à accepter toutes les dictatures, susceptibles de certaines commotions sous l'action de la classe des intellectuels, mais devant toujours aboutir, sous différents noms, à l'établissement d'une dictature.

Les événements que nous connaissons sont la preuve que je ne me trompais pas. Quand fut conclue, en 1897, l'alliance franco-russe et que j'entendais continuellement répéter qu'elle était non pas l'alliance entre deux gouvernements, mais entre deux nations, je me demandais si depuis dix ans que j'étais allé en Russie les choses avaient changé à ce point. Je ne pouvais le croire ; je voyais la nation française ardente, généreuse, se donner tout entière à cette alliance, espérant trouver en elle un appui contre l'ennemi héréditaire de l'Est. De nation russe, je n'en voyais point. Et de fait, cette prétendue alliance entre deux nations s'effondrait à la première épreuve. S'il y avait eu vraiment une nation russe, comme il y a une nation française, si l'alliance avait uni vraiment deux nations, la révolution de mars 1917, le changement de gouvernement n'auraient point entraîné la rupture de l'alliance, qui serait restée intacte comme les nations même qu'elle unissait.

Si les Russes avaient vu comme nous une guerre vraiment nationale dans la lutte de 1914, ils n'en seraient pas sortis avant la victoire complète. S'ils avaient su et compris pourquoi ils se battaient, ils auraient continué à se battre jusqu'à la solution définitive. La débâcle russe s'explique au contraire naturellement, si l'on comprend que la Russie n'est point une nation, mais une masse de population, incohérente et amorphe, prête à recevoir toutes les tyrannies ; masse paysanne qui acceptera tout si on lui donne un lopin de terre ; intellectuels audacieux, à l'esprit extraordinairement vif et brillant, imbus de la théorie catastrophique de Karl Marx, voulant la mettre en œuvre et exerçant pour cela une dictature sanglante. Le bolchevisme est un produit spontané de la terre russe ; il ne pouvait naître que là ; il ne peut se maintenir et se développer que là. Chez un peuple qui est vraiment une nation libre et consciente d'elle-même, de pareilles tentatives resteront toujours sporadiques et impuissantes.

III

Je me suis laissé entraîner à vous parler de la Russie plus longtemps que je ne le pensais. Peut-être n'était-ce pas inutile ? Je crois en effet que nous comprendrons mieux ce que c'est qu'une nation en voyant bien ce qui n'est pas une nation. Notamment, nous trouvons là une preuve évidente que ce n'est pas seulement la communauté de race, ni même la communauté de langues qui fait la nation. La communauté de race et de langue fait la nationalité, mais non pas la nation. Ce qui fait la nation, c'est l'existence d'une conscience commune, suivant l'expression de J.-J. Rousseau, l'existence d'un moi commun, et aussi la poursuite de l'idéal commun se rattachant à la possession d'un certain territoire. Il serait intéressant maintenant de prendre un à un les différents pays dont j'ai parlé et de rechercher comment ils se sont constitués en nation et pourquoi ils sont aujourd'hui des nations. Il y a là un domaine historique extrêmement intéressant et vaste, mais que je ne puis évidemment explorer en entier. Aussi mon examen portera-t-il sur trois pays seulement, qui, pour des raisons que je n'ai pas besoin de dire, nous intéressent tout particulièrement : les États-Unis, la France et l'Allemagne.

Je ne parlerai pas de l'Angleterre, parce que, pour elle, la question de formation nationale se présente dans des conditions tout à fait particulières, qui proviennent pour une grande part de sa situation insulaire, qui proviennent aussi des divisions fort anciennement formées dans la Grande-Bretagne du fait des populations de races diverses qui l'habitent : l'Angleterre proprement dite au sud, le pays de Galles à l'ouest et l'Écosse au nord. L'évolution qu'a suivie l'Angleterre a été surtout dominée par la classe aristocratique, qui, jusqu'à il y a peu d'années encore, exerçait l'influence prépondérante. Enfin pour l'Angleterre se pose depuis longtemps un problème aujourd'hui plus aigu que jamais, le problème irlandais. Il est difficile de dire que l'Irlande ne forme pas une nation consciente d'elle-même. De quel droit, dès lors, lui contester la liberté de se donner un gouvernement indépendant et des lois autonomes ? Grave problème, plus politique que sociologique ou juridique, que je ne veux pas aborder.

Des États-Unis, je ne dirai qu'un mot. Il y aurait mauvaise grâce de la part d'un professeur étranger, dans une Université qui compte tant d'éminents sociologues et tant de patriotes éclairés, à vouloir disserter longuement sur les raisons qui ont fait que les États-Unis, depuis 1776, constituent véritablement une nation. Je ne présenterai donc sur ce point que de très courtes observations.

On ne dira pas pour les États-Unis, je suppose, que ce qui constitue la nation, c'est la communauté d'origine ethnique, la nationalité, puisque dans cet immense creuset qu'est le territoire américain sont venus se fondre et s'associer des hommes de toutes les races.

Non, ce qui fait la nation américaine, c'est que, depuis tantôt trois siècles, il y a une idée commune, fondamentale, qui remplit l'esprit de tous ceux qui viennent, pour y travailler, se fixer sur le sol américain. C'est l'idée si clairement exprimée dans le passage, que je citais au commencement de cette leçon, du message du président Wilson. C'est elle qui a été comme le ferment qui a donné naissance à la nation américaine. Elle a été affirmée par les Pilgrims Fathers quand ils sont venus s'établir dans la Nouvelle-Angleterre. Elle a été aussi solennellement affirmée par les colonies qu'ils ont fondées quand elles se sont affranchies de la domination anglaise. Encore ici apparaît une similitude frappante entre la France et les États-Unis. C'est dans une lutte contre l'Angleterre que vous avez fondé votre vie nationale. C'est aussi en luttant contre l'Angleterre, au XIVe et au XVe siècle, que nous Français nous avons constitué la nation française. Enfin l'idée qui a fait la nation américaine, la volonté de travailler librement et en paix sur un sol indépendant, a éclaté avec une force irrésistible, quand cette liberté a été manifestement menacée par une Allemagne militariste et conquérante.

Dans l'histoire des États-Unis, un moment critique a été la guerre dite de Sécession. Alors l'unité nationale a failli être brisée ; mais elle était déjà trop solidement établie pour qu'elle pût être rompue, et, loin de se briser, elle est sortie renforcée de l'épreuve.

Cette individualité nationale des États-Unis apparaît d'autant plus résistante qu'elle se combine avec le système fédéral. La forte individualité nationale qu'est la France a toujours été accompagnée d'une puissante centralisation politique et administrative. Au contraire ici, vous avez toujours pratiqué le régime fédéral, c'est-à-dire une large décentralisation poli-

tique. Il y a les lois fédérales, mais il y a aussi les lois
des États. A côté de l'administration fédérale, il y a
l'administration des États, et il n'est pas rare, même
encore aujourd'hui, qu'il y ait des conflits entre les
États particuliers et l'État fédéral. Malgré cela, l'unité
nationale reste indissoluble et intacte. Nouvelle preuve
que, pas plus que la communauté de race, la centralisation politique et administrative ne fait à elle seule
l'unité nationale ; nouvelle preuve que c'est seulement
le sentiment profondément implanté dans la conscience de chacun des membres d'un groupe social
qu'il doit poursuivre un but qui s'impose à lui et qui
forme l'idéal de sa vie. Ce qui fait la nation, c'est la
foi à un certain idéal se rattachant toujours au
territoire qu'habite un peuple et qu'il veut tout à lui,
parce qu'il y voit la condition indispensable d'une vie
indépendante de paix et de travail.

I V

Il faudrait aussi rechercher si les populations
auxquelles le Traité de Versailles (23 juin 1919)
vient de reconnaître l'autonomie politique constituent
véritablement des nations. Le fait que désormais la
Yougo-Slavie, formée par la réunion de l'ancienne
Serbie, du Monténégro et de la Croatie, a aujourd'hui
une organisation autonome, s'étendant sur ces trois
pays, le fait que les Tchéco-Slovaques et le territoire
qu'ils habitent, soumis autrefois à la domination autrichienne, ont maintenant un gouvernement propre ; le

fait que l'ancienne Pologne est reconstituée par la réunion sous une même autorité politique des provinces qui avaient été partagées au xviii° siècle entre la Russie, l'Autriche et la Prusse, ces faits ne sont pas par eux-mêmes la preuve qu'il y ait une nation yougo-slave, une nation tchéco-slovaque, une nation polonaise, bien qu'il y ait, on ne saurait le nier, des nationalités yougo-slave, tchéco-slovaque, polonaise, c'est-à-dire des populations paraissant avoir une même origine et parlant le serbo-croate, le tchèque, le polonais. Et encore est-ce bien sûr? Les origines ethniques sont-elles aussi certaines que les représentants de ces populations le prétendent? N'y a-t-il pas eu, depuis des siècles, un mélange continuel des races ? Et sur les territoires yougo-slave, tchèque et polonais, n'y a-t-il pas un nombre relativement élevé d'individus qui sont d'origine différente ou de race mélangée? Non, en admettant même qu'elle existe, ce n'est pas cette communauté d'origine ethnique qui pourra faire que ces populations soient de véritables nations. C'est le rôle qu'elles rempliront; c'est l'idée qu'elles serviront; c'est la manière dont elles sauront la servir; c'est la conscience qu'elles en auront; et c'est avec le temps seulement qu'elles pourront constituer leur unité nationale si elles savent résister aux épreuves et remplir leur destinée.

J'avais tout d'abord pensé parler aujourd'hui des deux nations qui doivent surtout retenir notre attention; je n'ai pas besoin de dire pourquoi, quand j'aurai nommé la France et l'Allemagne. Mais, je me suis laissé entraîner plus loin que je ne le pensais primitivement, et je dois consacrer une leçon tout entière à ce sujet. Il le mérite assurément ; ce sera l'objet de notre prochain entretien.

QUATRIÈME LEÇON

La nation française et la nation allemande.

MESDAMES, MESSIEURS,

Dans la première leçon que j'ai eu l'honneur de faire dans cette Université, je disais que ce qui caractérise l'évolution de la notion de souveraineté nationale, c'est que la conception de l'État-nation se substitue à celle de l'État-puissance et que, au moment où la guerre des nations a éclaté, deux grands pays incarnaient l'une et l'autre de ces deux conceptions, la France la conception de l'État-nation, l'Allemagne celle de l'État-puissance. J'ajoutais que la grande date du 11 novembre 1918 avait marqué la victoire de l'État-nation sur l'État-puissance.

Rien ne peut mieux illustrer cette proposition, et en même temps faire apparaître en leur entier les deux conceptions opposées de l'État-nation et de l'État-puissance, que de déterminer les conditions dans lesquelles se sont constituées la nation française et la nation allemande, de montrer, en même temps, les caractères prédominants avec lesquels l'une et l'autre apparaissaient au moment où la grande guerre a éclaté.

Pour étudier à fond ce beau et vaste sujet, il faudrait de nombreuses leçons. Aussi n'ai-je point l'intention de l'exposer dans ses détails, mais seulement d'indiquer les étapes principales de la formation des deux nations et les éléments essentiels qui les caractérisent.

Si toute formule générale n'était pas forcément un peu artificielle, je dirais que ce qui distingue essentiellement la formation de la nation française de célle de la nation allemande, c'est que la force qui a surtout contribué à constituer la nation française est venue d'en bas, du peuple; celle, au contraire, qui a été l'élément principal de la formation nationale allemande est venue d'en haut, du pouvoir supérieur et commandant. Je dis cela; mais je fais, en même temps, les réserves nécessaires, à savoir que ce serait une erreur historique grave de croire que l'action de la monarchie française n'a pas été un facteur important de la constitution de l'unité nationale et que, dans la formation nationale allemande, aucun élément d'origine populaire n'est intervenu. Assurément, en France, la monarchie a exercé une action certaine sur l'établissement de l'unité nationale, et en Allemagne, l'opinion publique dans sa spontanéité, la conscience d'une origine commune, l'identité de langue ont contribué pour une large part à la formation de la nation. Malgré cela, je crois qu'il reste vrai de dire : en France la nation s'est faite elle-même ; c'est le peuple de France qui

a créé la nation française; au delà du Rhin, c'est la
puissance monarchique qui a créé la nation allemande.

I

Quand, dans notre seconde réunion, après avoir
parlé de la cité antique, je suis arrivé à déterminer les
caractères de la nation moderne, j'ai parlé d'un acte
célèbre dans l'histoire de l'Europe, le traité intervenu
au milieu du ixe siècle entre les trois petits-fils de
Charlemagne, Charles le Chauve, Lothaire et Louis
le Germanique, traité qui porte un nom prédestiné :
Verdun, qui est à l'origine lointaine de notre histoire
nationale; Verdun, qui symbolise aujourd'hui l'unité
indéfectible de l'âme française.

Les territoires placés dans le lot de Charles
le Chauve correspondaient à peu près à l'ancienne
Gaule, c'est-à-dire à cette partie de l'Europe comprise
entre la mer au nord-ouest, à l'ouest et au sud-ouest,
les Pyrénées, la Méditerranée et les Alpes, au sud et
au sud-est, le Rhin à l'est et au nord-est, moins une
partie des terres situées sur la rive gauche du Rhin.
Cependant vous vous tromperiez fort si vous pensiez
que, dès ce moment, un royaume français était constitué sur ce territoire. Vous n'ignorez pas, en effet, que,
pendant la seconde moitié du ixe siècle et pendant
le xe siècle, sous l'empire de causes que je n'ai pas à
rechercher, s'établit, dans toute l'Europe, une organisation à la fois sociale et politique, le régime féodal,
qui est caractérisé par ce fait que tous les hommes sont

unis les uns aux autres par une série de droits et de
devoirs réciproques, se rattachant au caractère de la
terre qu'ils détiennent, depuis le roi, qui est au sommet
de l'échelle, le suzerain supérieur, jusqu'au serf, qui
est au dernier échelon. La souveraineté à la manière
romaine, l'*imperium*, a presque complètement disparu ; elle est remplacée par la seigneurie. Le seigneur
détient une certaine terre, et parce qu'il détient cette
terre, il a des devoirs. Il a le devoir de donner aide et
protection à ses vassaux, et, en retour, les vassaux lui
doivent des services, particulièrement le service d'ost,
c'est-à-dire le service militaire, quand le seigneur le
demande, et le service d'aide, c'est-à-dire certaines
redevances pécuniaires.

Le roi n'est que le suzerain supérieur, et même,
au début de la monarchie capétienne, quelques-uns
de ses vassaux sont plus puissants que lui. Mais
cependant il a conservé quelque chose de l'*imperium*
romain, qui se traduit dans une formule que je trouve
très belle, et que je vous prie de vouloir bien retenir
parce qu'elle a joué un rôle important dans l'évolution de laquelle est sortie la nation française, et aussi,
parce qu'elle est restée au fond de toutes les consciences françaises, et enfin parce qu'elle a, depuis
dix siècles, toujours inspiré la notion que nous nous
formons en France de l'État et du rôle des gouvernants. Les formules ont changé ; l'idée fondamentale
est restée la même et, dès le xᵉ siècle, au début de la
monarchie capétienne, elle est exprimée par ces mots :
« Le roi doit assurer l'ordre et la paix par la justice. »

Formule féconde, parce qu'elle affirme que le détenteur de la puissance publique a bien plutôt des devoirs que des droits et que son devoir primordial est d'assurer l'ordre et la paix. Formule féconde, parce qu'elle affirme aussi que celui qui détient la puissance publique ne peut jamais agir que suivant la justice et qu'ainsi l'idée de justice apparaît au premier plan, au seuil même de la route longue, laborieuse, qui doit conduire à la formation de la nation française.

Nous verrons plus tard comment la notion du devoir d'organiser des services publics pour assurer, conformément à la justice, la satisfaction des besoins physiques et moraux des individus s'est substituée à la notion de puissance commandante, droit souverain des gouvernants. Cette transformation capitale trouve ainsi son premier germe dans cette formule du moyen âge : « Le roi de France doit assurer l'ordre et la paix par la justice. »

II

Ce pouvoir appartenant au roi de France, ou plutôt ce devoir qui lui est imposé, constitua le premier élément de centralisation politique en France. En même temps, il fut un facteur important de notre formation nationale. Cela ne peut être contesté, et ainsi nous voyons apparaître une première vérification de ce que je disais en commençant, à savoir que l'unité nationale française a été constituée avant tout par une force venant d'en bas, par une force véritablement populaire. Cette idée que le roi, suzerain supérieur, a sans doute un pouvoir propre, mais un pouvoir qui est une conséquence du devoir qui lui est imposé par sa situation, un pouvoir qu'il ne peut exercer que dans la mesure où il se conforme à la justice, est née au cœur même des humbles et des petits. Ce n'est pas une idée née dans l'esprit des grands, des puissants du monde ; elle s'est formée au plus profond de la conscience populaire et, je le répète, c'est elle qui a été le ferment premier de notre formation nationale.

Je ne veux point dire qu'il n'y ait pas eu, au cours de l'histoire de France, des violences, des destructions, des actes barbares et injustes. Je ne veux pas dire que le moyen âge a été l'âge d'or. Mais j'affirme que ceux qui nous présentent le moyen âge français comme une époque de barbarie et d'obscurité, ceux qui, comme Renan, nous parlent de la grande nuit du moyen âge, sont absolument en dehors de la vérité historique. J'affirme que, dans les dix siècles du moyen âge, il n'y a pas eu autant d'actes de violences et de cruauté, de destruction et de pillages, qu'il y en a eu pendant les quatre années de la dernière guerre, et que le xiii⁰ siècle français peut être compté au nombre des époques les plus lumineuses de l'histoire. Il débute avec une victoire remportée par ce qui devait être le noyau même de la nation française, les habitants des communes, sous la conduite de la noblesse et du roi, la victoire de Bouvines, remportée par Philippe-Auguste, en 1214, sur les Anglais et les

Impériaux. Point initial et glorieux de cette lutte séculaire contre l'Anglais d'abord, et contre l'Allemand ensuite, pour constituer l'unité de la nation française. En 1214, à Bouvines, comme sept siècles plus tard, en 1914, à la Marne, c'est le peuple de France qui se dresse frémissant contre l'envahisseur et affirme, avec une force irrésistible, sa volonté d'être lui-même, c'est-à-dire de ne reconnaître sur le sol qu'il habite d'autre domination que celle qu'il s'est librement donnée et à laquelle il demande l'ordre et la paix par la justice.

Nous arrivons ainsi au xive et au xve siècle, époque où la nation française va définitivement se constituer, et cela, comme je l'ai déjà remarqué, contre l'Angleterre, pendant cette longue guerre qui a rempli tout un siècle, la guerre de cent ans, et qui se termine par une victoire toute française, la bataille de Castillon, en 1453, laquelle affranchit définitivement de la domination anglaise toute la partie sud-ouest de la France.

Pendant cette lutte séculaire contre la domination étrangère, qui a réveillé le sentiment national qui paraissait endormi, qui a incarné la défense nationale ? Une humble fille du peuple, née dans la Lorraine, dont on a eu l'audace de prétendre qu'elle n'était pas une terre française.

Loin de moi la pensée de contester l'historicité de Jeanne d'Arc. Seulement, si je parle de Jeanne d'Arc, ce n'est pas en historien, mais en sociologue. Je veux dire par là que, dans l'histoire de Jeanne d'Arc, je ne vois qu'un fait social dont les détails, vrais ou faux, m'importent peu, un fait qui nous révèle encore que la volonté qui a fait l'âme nationale française, ce n'est pas une volonté venant d'en haut, mais une volonté venant d'en bas. Jeanne d'Arc symbolise et synthétise cette volonté collective de la masse populaire, qui s'est redressée pour chasser l'Anglais au xv⁰ siècle, comme l'armée française, exclusivement nationale, s'est redressée sur les bords de la Marne, dans les ravins de Verdun, en 1914 et en 1916. Jeanne d'Arc au xv⁰ siècle symbolise l'âme nationale, comme le poilu de 1914. Au xx⁰ siècle comme au xv⁰, c'est dans la masse profonde du peuple que l'âme nationale se révèle et vibre spontanément.

<h1 style="text-align:center">III</h1>

Au milieu du xv⁰ siècle, l'unité nationale française est donc constituée et définitivement. Elle allait se maintenir et se renforcer à l'intérieur, sous l'action de la monarchie, qui complète ce qu'a fait le peuple, et, à l'extérieur, par la nécessité de la défense contre l'Allemagne impériale, ou plutôt contre l'Empire germanique, car d'Allemagne, à vrai dire, il n'y en a pas encore, mais seulement des Allemands soumis à la puissance impériale.

Si vous jetez un regard sur une carte de France, vous vous rendrez facilement compte de la raison pourquoi c'est contre l'Empire allemand que notre unité nationale s'est consolidée, et qu'elle a conquis la force de résistance et l'indissoluble structure qui ont fait l'étonnement du monde. La France a des frontières naturelles à l'ouest, au sud et sud-est; mais à l'est, au nord-est et au nord, sa frontière est ouverte. Il faut donc la défendre, et la défendre contre ce réservoir inépuisable de populations qu'est l'Europe centrale. Toutes les guerres du xvie, du xviie et du xviiie siècle, les guerres de la Révolution et de l'Empire, toutes s'expliquent par la nécessité pour la nation française de se défendre contre ses voisins de l'est. Que la France, à certains moments, ait eu des désirs de conquête, qu'elle ait parfois pratiqué, comme on dit aujourd'hui, une politique impérialiste, je ne le conteste pas pour les temps de Louis XIV et de Napoléon Ier. Et encore ne peut-on pas soutenir que, pour les armées de Napoléon, c'était un impérialisme de conquêtes morales et d'idées, bien plus qu'un impérialisme de conquêtes matérielles et territoriales qui les guidait et les entraînaient? Quoi qu'il en soit, cet esprit de conquête ne dure qu'un instant. Dans l'ensemble, ce que je dis est incontestable. Toute la vie extérieure de la France depuis trois siècles, toute sa politique étrangère, se sont déroulées sous l'action de la nécessité inéluctable de se défendre contre l'invasion allemande, de protéger sa frontière de l'est pour garder son unité et son indépendance nationales.

Depuis la fin de la guerre de Cent ans, deux moments solennels marquent les étapes de cette lutte énergique, inlassable, du peuple de France contre l'ennemi de l'est, deux noms qui remplissent le monde et qui seront prononcés tant qu'il y aura des hommes et qui parlent, parce qu'ils symbolisent mieux que tous les autres la volonté inébranlable d'un peuple qui veut garder la libre possession de son sol et remplir pleinement, par lui et avec lui, la mission que lui a confiée la destinée : Valmy et la Marne, Valmy en 1792, la Marne en 1914, deux victoires du peuple de France contre l'ennemi héréditaire. Le volontaire de 1792 et le soldat de 1914 peuvent se donner la main : l'un et l'autre, ils ont montré au monde, avec une singulière éloquence, l'âme toujours vivante de la patrie française, se dressant contre le même ennemi toujours renaissant.

IV

Pendant que le peuple de France se constituait ainsi en nation, que se passait-il en Allemagne ? Le régime féodal, à peu près à la même époque qu'en France, s'était établi au delà du Rhin, cependant, avec cette différence que la plupart des seigneuries relevaient directement de l'Empereur germanique et qu'il n'y avait pas, d'une manière générale, comme en France, une hiérarchie des terres correspondant à une hiérarchie des personnes, hiérarchie des vassaux et des suzerains. L'Empereur est élu, et forcément sa puissance est limitée par celle des princes électeurs. De nation allemande avant le xixe siècle, on n'en aperçoit nulle part. La longue guerre de Trente ans, née de la Réforme luthérienne, se termine au traité de Westphalie en 1648 ; et l'Allemagne se trouve morcelée en une infinité de seigneuries, de principautés vassales de l'Empereur germanique, dont le prestige va d'ailleurs, chaque jour, s'amoindrissant. Mais, à la fin du xvii⁰ siècle, l'une de ces principautés prend une importance particulière et affirme son action avec une énergie peu commune. Ce n'est point une nation qui se révèle. Non, c'est un gouvernement qui veut s'imposer. L'électeur de Brandebourg devient roi de Prusse en 1701. Un gouvernement militaire, exclusivement militaire, s'y constitue. La Prusse, a-t-on dit justement, n'est pas une nation, elle n'est même pas un gouvernement, elle est une armée. Disons qu'elle est un gouvernement militaire, une puissance militaire se concentrant tout entière dans la main du roi.

C'est avant tout le gouvernement militaire prussien qui va faire la nation allemande, créer son unité et son individualité. Je dis, avant tout, parce que, comme je le faisais observer au début de cette leçon, il ne faut pas méconnaître que d'autres éléments que la puissance prussienne ont contribué à former la nation allemande. Il ne faut pas oublier que, sous l'action de fortes individualités, comme Fichte, par exemple, dont le Discours à la nation allemande exerça une action considérable, il y a eu en 1813 un éveil de l'esprit national allemand, qui a puissamment secondé l'œuvre de centralisation et d'unification entreprise par la Prusse.

Pour constituer l'unité nationale de l'Allemagne sous l'hégémonie de la Prusse, il fallait d'abord ruiner la puissance de l'Empereur germanique qui régnait à Vienne ; et il fallait, d'autre part, annihiler la puissance française, qui jamais ne pourrait consentir à voir, du côté de sa frontière ouverte, une grande unité nationale, en même temps grande puissance militaire. Toute la politique prussienne depuis Frédéric II se rattache à cette double idée ; son effort constant tend à ce double but. Ainsi, l'œuvre de formation nationale allemande est bien celle d'une puissance politique, tendant à se réaliser par l'anéantissement d'une autre puissance n'ayant point le support d'une nation, et aussi par l'annihilement d'une grande et ancienne nation, qui, elle, veut vivre indépendante sur son territoire et qui ne supportera pas qu'on l'en empêche.

Retenez ces deux idées, et vous comprendrez toute l'histoire de l'Allemagne pendant les deux derniers siècles. C'est d'abord la guerre de sept ans contre l'Autriche et la France, et qui se termine avec le traité de Paris, en 1760, par la victoire de la Prusse. Pendant les guerres de la Révolution et de l'Empire, la Prusse et l'Autriche s'associent contre Napoléon. Mais, aussitôt après la chute du grand Empereur, la rivalité reparaît. Les traités de Vienne (1814-1815) créent la Confédération germanique, dont font partie quantité de petits royaumes et de principautés, mais où la Prusse et l'Autriche vont naturellement se disputer la primauté. Un homme de génie, le prince de Bismarck, saura l'assurer à son pays ; et, quand éclate la guerre de 1866, le prestige de l'Autriche est déjà bien amoindri.

Après Sadowa, en 1866, l'Autriche est exclue de la Confédération germanique. Celle-ci, d'ailleurs, disparaît pour faire place à la Confédération de l'Allemagne du Nord, dont font partie, sous la présidence du roi de Prusse, tous les États allemands, sauf ceux situés au sud de la ligne du Main, la Bavière, le Wurtemberg et le duché de Bade. Pour que l'unité impériale allemande pût être faite, il restait à affaiblir suffisamment la France, afin qu'elle ne pût pas s'opposer à la réunion de toutes les terres allemandes et de toutes les populations y habitant sous l'autorité du roi de Prusse, devenu empereur allemand. Bismarck, en commettant un faux dont plus tard il s'est vanté, déchaîne la guerre franco-allemande de 1870-1871. Abandonnée par les grandes puissances de l'Europe, qui, quarante-quatre ans après, comprendront enfin leur lourde erreur, la France est battue. On l'ampute de l'Alsace et de la Lorraine ; l'Empire allemand est constitué et le roi de Prusse est proclamé empereur.

A partir de ce moment, il existe, il n'en faut pas douter, une nation allemande unifiée. Ce ne sont point des populations sans lien entre elles qui sont placées sous la domination du Hohenzollern, comme les populations soumises à la domination des Habsbourgs. Non, il y a bien une nation allemande ; il y a bien une interdépendance étroite entre tous les individus qui la composent. Mais la force qui surtout a provoqué et réalisé cette interdépendance, ce n'est pas, suivant l'expression dont je me suis déjà

servi, une force venant d'en bas, des entrailles mêmes
du peuple : c'est une force venant d'en haut ; c'est
l'État militaire prussien qui a fait la nation allemande,
et qui l'a faite d'ailleurs à son image.

V

Comme je l'ai fait observer plus haut, cela ne veut
pas dire qu'il n'y ait pas en Allemagne d'autre lien
national que celui provenant de la subordination à
la puissance prussienne de toutes les parties du territoire allemand. S'il en avait été ainsi, l'unité nationale allemande aurait été bien fragile. Je veux dire
seulement que la formation de la nation allemande
a été provoquée, dirigée par la puissance prussienne,
quand, au contraire, l'unité nationale française a été
une création spontanée du peuple lui-même. Au delà
du Rhin, la conscience de l'interdépendance entre les
individus et la volonté de vivre en une communauté
nationale ont été des éléments secondaires, mis en
œuvre par une puissance d'en haut. En France,
l'élément avant tout générateur de la formation
nationale a été la volonté du peuple de France, et la
monarchie n'a joué au demeurant qu'un rôle secondaire. Cela suffit à marquer une différence profonde
entre les deux nations, différence qui, on pourrait
aisément le montrer, se manifeste dans les produc-
tions de leur littérature, dans les conceptions de leurs
philosophes, dans les théories de leurs juristes.

Aussi bien, ce qui prouve que la nation allemande,

créée par la puissance militaire de la Prusse, n'est pas malgré tout une œuvre artificielle, c'est qu'elle a survécu et que peut-être même elle survit renforcée à l'effondrement militaire de la Prusse, consacré par le traité de Versailles, à la suite de la grande guerre. On a reproché à ses rédacteurs, qui, dit-on, étaient maîtres de la situation, d'avoir traité avec l'Allemagne au lieu de traiter avec les divers États dont la réunion formait l'Empire allemand ; on leur a reproché de n'avoir pas supprimé l'unité politique de l'Allemagne et rétabli l'Allemagne morcelée du traité de Westphalie. Le reproche n'est pas plus fondé que celui que je rappelais dans notre dernière réunion, à savoir, de n'avoir pas créé une grande Autriche pour faire contrepoids à l'Allemagne. Les auteurs du traité de Versailles ne pouvaient pas faire une Autriche forte, parce qu'il n'y avait pas de nation autrichienne pouvant servir de support à sa puissance. Ils ne pouvaient pas davantage créer une Allemagne morcelée parce que, depuis 1870, elle a fait son unité nationale, qu'elle l'a même fortement renforcée, et qu'une unité nationale, quand elle existe vraiment, ne se brise pas par la volonté de quelques hommes graves, réunis autour d'un tapis vert. C'est la puissance militaire prussienne qui a fait la nation allemande ; la puissance militaire prussienne a été vaincue ; mais la nation allemande n'en subsiste pas moins. Il ne dépend pas des diplomates qu'il en soit autrement.

Je dirai même que, par suite d'une conséquence,

en apparence paradoxale, de la guerre, malgré la défaite de l'Allemagne, son unification nationale me paraît aujourd'hui renforcée ou au moins plus complète qu'elle ne l'était en 1914. En effet, quand des dynasties princières régnaient dans les différents États de l'Empire allemand, il y avait là un puissant élément de décentralisation politique et de résistance à l'unification complète de l'Allemagne sous la souveraineté de Berlin. En un seul et même jour, toutes ces dynasties se sont écroulées les unes sur les autres. La République allemande a été proclamée ; elle s'est donné une constitution, votée par une assemblée nationale, élue à un suffrage universel aussi large que possible. Les États particuliers subsistent, mais, privés de leur prince, ils sont sans force et sans action ; et le Reich républicain est un État national plus un, plus fortement centralisé au point de vue politique que ne l'était le Reich impérial.

Je le regrette vivement pour mon pays ; mais, comme sociologue, je dois le constater ; et j'espère que les hommes politiques des puissances qui ont été alliées et associées dans la guerre du droit le comprendront et sauront agir en conséquence. Qu'on n'accuse pas les diplomates de n'avoir pas empêché le fait que je signale. Les faits sont plus forts que les hommes, et il y avait là une chose inéluctable. Elle intéresse plus directement la France ; mais ce serait se leurrer singulièrement que de croire qu'une nation quelconque, même séparée de l'Europe par un large océan, puisse s'en désintéresser.

Nous avons ainsi achevé l'étude de la nation, premier élément de la souveraineté nationale. Que faut-il entendre maintenant par souveraineté et comment cette notion de souveraineté évolue-t-elle ? C'est ce qu'il nous faut étudier, en considérant particulièrement trois nations : la France, les États-Unis et l'Allemagne.

CINQUIÈME LEÇON

Qu'est-ce que la souveraineté ?

MESDAMES, MESSIEURS,

Sachant ce que c'est qu'une nation (ce que nous avons essayé de déterminer dans les précédentes réunions), il nous reste, pour savoir ce qu'est la souveraineté nationale, à déterminer ce que c'est que la souveraineté. Tel sera l'objet de la leçon d'aujourd'hui.

La question n'est pas facile. Depuis plus de deux siècles, on disserte à perte de vue sur elle, et tout ce qu'on a écrit à ce sujet n'a fait, ce me semble, que l'embrouiller au lieu de l'éclairer. A cela est venue s'ajouter une incertitude de terminologie qui a contribué à l'obscurcir encore davantage.

A cet égard, il importe de faire tout de suite une précision. Je repousse la terminologie de certains auteurs et particulièrement des publicistes allemands, qui distinguent entre la puissance publique et la souveraineté et qui désignent par souveraineté un certain caractère de la puissance publique. Il est bien entendu que j'emploie ces deux expressions exactement dans le même sens. Souveraineté, puissance publique, puissance étatique, autorité politique, toutes ces expressions, je les considère comme synonymes, et j'emploie le mot souveraineté, parce que c'est le mot le plus court et le plus commode.

Il importe aussi de préciser un autre point. Dans un article très intéressant, paru en 1906, dans la *Revue des sciences politiques de Columbia*, l'éminent professeur de sociologie, M. Franken Giddings, dit très justement qu'il faut distinguer deux choses tout à fait différentes, d'une part la souveraineté ou puissance publique en tant que fait social, et d'autre part l'idée qu'on se fait à une certaine époque de ce que c'est que la souveraineté ou puissance publique. Il a entièrement raison. Ce que je veux rechercher pour le moment, ce n'est point ce qu'est la souveraineté comme fait social. Peut-être serais-je amené plus tard à montrer que, comme fait social, la souveraineté est tout simplement une différenciation se produisant spontanément, dans un groupement social donné, entre les faibles et les forts, que la souveraineté est ainsi un fait de plus grande force. Telle paraît bien être aussi l'opinion de M. Giddings.

Ce que je veux seulement déterminer pour le moment, c'est la notion qu'on se formait de la souveraineté à cette grande date de 1789 que j'ai prise pour point de départ de nos études, j'ai dit pour quelle raison. Quand on proclamait, à la fin du XVIII° siècle, le principe de la souveraineté nationale, comment comprenait-on la nature de la souveraineté ? Voilà seulement ce que je veux expliquer actuellement.

Il y a, d'ailleurs, une idée à laquelle je tiens tout particulièrement, sur laquelle j'ai déjà insisté et sur laquelle je reviendrai encore, à savoir que la conception que se forme une certaine époque d'une certaine chose est, en elle-même, un fait social que ne peut pas négliger la sociologie réaliste. Les idées d'une époque sont elles-mêmes des faits sociaux et un élément important de l'évolution sociale. Vraies ou fausses, elles exercent une action directe sur le cours des événements ; et, si je ne craignais pas d'être paradoxal, je dirais qu'elles exercent une action d'autant plus forte qu'elles sont plus fausses. L'histoire de la notion de souveraineté illustrerait assez bien cette proposition.

I

En 1789, la théorie de la souveraineté est arrivée à son complet développement. L'élaboration en a été très longue ; elle s'est faite par la combinaison d'éléments d'origines diverses. Le souvenir de l'*imperium* romain, l'institution de la seigneurie féodale, la théorie à la fois romaine et féodale de la propriété, du *dominium*, les doctrines théologiques du xiii° siècle, les théories des écrivains protestants pendant la seconde moitié du xvi° siècle, et enfin les doctrines des philosophes et des encyclopédistes au xviii° siècle, tous ces éléments sont entrés, à des degrés divers, dans cette formation de la notion de

souveraineté telle qu'on la comprend en 1789, et qui
est l'objet d'une théorie qui, il faut bien le reconnaître, est construite conformément aux lois de la
plus rigoureuse logique, mais dont le fondement, on
le montrera plus tard, est bien fragile.

Je m'en excuse : je suis obligé de présenter les
choses sous une forme un peu abstraite ; je ne vois
pas le moyen de faire autrement. Cette notion de
souveraineté, il faut que nous la déterminions d'une
façon aussi précise que possible, si nous voulons
comprendre la suite de ces études.

La souveraineté est une volonté, voilà le point fondamental de toute la doctrine. Qu'est-ce que la
volonté? Ici, il faut faire appel aux psychologues et à
l'un des plus grands, l'illustre philosophe américain
William James. Mais, je sortirais de mon domaine si
j'entrais dans de longs détails à cet égard, et je me
bornerai à rappeler les conclusions des études psy-
chologiques sur la nature de toute volonté. Des ana-
lyses de William James et des autres psychologues,
il résulte que la volonté est une énergie idéo-motrice.
Qu'est-ce à dire ? C'est beaucoup plus simple que
cela ne le paraît au premier abord.

Vous n'ignorez pas que le mot énergie est aujour-
d'hui employé dans toutes les langues pour désigner
tout agent (j'emploie à dessein un terme aussi général que possible) susceptible, sous l'action d'une certaine cause, de développer une certaine force, laquelle
produit un déplacement de matières dans l'espace ou
mouvement. Tant que l'énergie n'est pas déclenchée

par une certaine cause et ne produit aucune force, on dit qu'elle est à l'état potentiel. Quand une cause extérieure intervient, l'énergie passe à l'état d'acte, et le mouvement s'accomplit. Prenons un exemple qui chaque jour, dans une ville comme New-York, se passe des milliers de fois sous nos yeux. Une automobile vous attend à la sortie de l'Université. Quand elle est au repos, elle contient en elle-même un potentiel d'énergie constitué par la magnéto et le pétrole du réservoir. L'automobile ne bouge pas. Vous voulez partir : le chauffeur tourne une manivelle, ou presse un bouton ; aussitôt, l'étincelle électrique jaillit ; le pétrole entre en explosion, le moteur tourne et l'automobile part. Ainsi, l'énergie, d'abord à l'état potentiel, passe à l'état d'acte, par l'intervention d'une cause qui est elle-même une énergie déjà à l'état d'acte, une force provoquant elle-même un mouvement antécédent.

Considérons maintenant la volonté. Toute volonté est une énergie à l'état potentiel. Mais, à un moment donné, cette énergie volontaire peut passer à l'état d'acte ; on dit alors qu'il y a un acte de volonté. Que faut-il pour que l'énergie volontaire passe à l'état d'acte, pour qu'il y ait un acte de volonté ? Faudra-t-il, comme dans l'exemple que je prenais tout à l'heure, l'intervention d'une cause matérielle étrangère à l'agent d'énergie se trouvant à l'état potentiel ? Point du tout. Ce sera au contraire une cause interne, inhérente à l'agent d'énergie volontaire. Ce sera l'idée consciente, que se formera l'agent, qu'il

atteindra un certain résultat, s'il déclenche son énergie volontaire, s'il fait un acte de volonté, c'est-à-dire
s'il fait passer son énergie volontaire de l'état potentiel à l'état d'acte, en la manifestant à l'extérieur, en
en dégageant la force qu'elle contient et en agissant
sur le monde extérieur.

Reprenons notre exemple de l'automobile et du
chauffeur. Le chauffeur, lui aussi, quand il tourne la
manivelle ou presse le bouton, déclenche le potentiel d'énergie qu'il a en lui, engendrant une force qui
produit un mouvement. Mais, qu'est-ce qui met en
jeu cette énergie ? C'est ce que William James appelle
justement l'image déclic, c'est-à dire l'idée que le
chauffeur se forme d'aller d'un point à un autre, l'idée,
en un mot, d'atteindre un certain résultat. Voilà comment la volonté est une énergie idéo-motrice, c'est-
à-dire une énergie qui reste à l'état potentiel jusqu'au moment où l'idée d'un certain but à atteindre
détermine le sujet à passer à l'acte, à faire un acte de
volonté, à mettre en mouvement son activité.

Cette courte analyse de la nature de la volonté et
de l'acte de volonté nous fait bien comprendre deux
choses. D'abord, elle montre qu'à la différence des
faits physiques et physiologiques les faits volontaires
trouvent leur cause en eux-mêmes, je veux dire dans
la pensée du sujet d'énergie volontaire qui apparaît
comme cause première du passage de l'énergie poten-
tielle à l'état d'acte, du sujet qui se saisit comme
cause première du mouvement provoqué. L'acte
volontaire, acte physique, n'est pas causé par un phé-

nomène physique antécédent ; il est déterminé par
un but, par une fin qu'aperçoit l'auteur de l'acte. Cela
fait comprendre, en même temps, le rôle capital que
joue le but dans l'acte de volonté, et c'est même pour
cette raison que j'y ai insisté. L'acte de volonté est
toujours déterminé par un but. Dans tout acte de
volonté, il y a un but à atteindre, et l'on peut dire
qu'il n'y a un acte de volonté que si l'idée d'un but à
atteindre a déterminé le sujet à vouloir cet acte.

De ce que je viens de dire, il faut tirer une conséquence extrêmement importante et qui doit, à mon
avis, dominer toutes les études de science sociale,
qu'il s'agisse de droit, d'économie politique, de politique, de morale, à savoir, que ce qui constitue le
caractère propre d'une volonté, c'est la nature des
buts par lesquels elle peut être déterminée. Et en
même temps, ce qui caractérise la valeur d'un acte de
volonté, c'est avant tout le but qui l'a déterminé. Je
dis avant tout ; il ne serait pas exact de dire exclusivement, parce qu'il y a des actes qui sont mauvais en
soi, à raison de leur objet, e. qui restent mauvais,
quel que soit le but qui les a déterminés. La formule
célèbre : la fin justifie les moyens, ne peut être ni un
principe de morale, ni une règle de droit, ni même
une maxime politique.

Quant à la différence entre le but et l'objet, elle
doit être faite, et elle est facile à faire, quoique cependant on les confonde quelquefois. L'objet d'un acte
de volonté est le mouvement que l'on veut voir s'accomplir. Le but est la raison pourquoi on veut que ce

mouvement s'accomplisse ou même, plus exactement, l'idée qu'on se forme que, si l'on fait l'acte, telle
conséquence en résultera. Ihering prend l'exemple
très simple suivant : « Je veux boire un verre de
vin. » Boire un verre de vin est l'objet de l'acte ; pour
apaiser ma soif, le but ; pour m'enivrer, le but
encore. Il est d'évidence que les caractères de l'acte
seront complètement différents, suivant que l'agent
aura été déterminé par l'un ou l'autre de ces deux
buts.

II

J'ai insisté à dessein sur cette analyse psychologique
de la volonté, et vous allez voir que ce n'était pas
inutile. Elle montre en effet que, comme je le disais
plus haut, pour déterminer le caractère d'une
volonté, il faut connaître et définir les motifs qui
peuvent la déterminer à agir. Cela compris, on
devine que ce qui caractérise cette volonté qu'on
appelle la souveraineté, c'est qu'elle ne peut être
déterminée que par certains motifs, ou plus exactement qu'elle ne peut être déterminée que dans de
certaines conditions qui lui sont propres, qui sont
tout à fait différentes pour les autres volontés, ce qui
fait que la souveraineté est une volonté ayant des
caractères qui ne se retrouvent dans aucune autre
volonté sur la terre.

Le caractère propre de la volonté souveraine est
exprimé dans une formule que j'emprunte aux jurisconsultes allemands. Sans doute, on ne la trouve ni

dans les écrits du xviii° siècle, ni dans les constitutions françaises de l'époque révolutionnaire, ni dans les œuvres des juristes français qui les ont commentées ; mais j'estime cependant que, mieux que toute autre, elle exprime la conception de la souveraineté en 1789. Cette formule la voici : la souveraineté est une volonté qui a ce caractère à elle propre et à elle seulement de ne jamais se déterminer que par elle-même. Le motif qui seul peut déterminer la volonté souveraine à agir est un motif qu'elle tire d'elle-même. Jamais une volonté souveraine ne peut être déterminée à agir par ce motif qu'une autre volonté veut qu'elle agisse en tel ou tel sens. Le souverain ne peut jamais être déterminé à agir parce qu'il y aurait des faits ou des actes étrangers à sa propre volonté qui l'y obligeraient. Il a ce pouvoir de n'être jamais obligé à agir ou à agir dans tel sens que s'il le veut et parce qu'il le veut. C'est lui et lui seul qui se crée à lui-même les motifs déterminants de son action. Tous les développements, toutes les définitions qu'on a donnés de la souveraineté se ramènent tous à cette formule. Elle est certainement la plus exacte, parce que la plus psychologique, puisqu'elle se rattache directement à l'analyse psychologique de la volonté.

Ainsi, les auteurs allemands ont encore dit de la souveraineté : elle est une volonté qui a la compétence de sa compétence, c'est-à-dire une volonté qui détermine elle-même l'étendue de son action, ce qu'elle peut faire, ce qu'elle doit faire, ce qu'elle ne peut pas faire, ce qu'elle ne doit pas faire. Cela revient au même que de dire : la souveraineté est une volonté qui ne se détermine jamais que par elle-même. Puisqu'elle ne peut pas se voir imposer par une autre volonté une certaine action, elle a bien par là même le pouvoir de déterminer elle-même l'étendue et l'objet de son action.

Le professeur Burgess, dans son ouvrage classique, *Science politique et droit constitutionnel comparés*, écrit : « Que devons-nous maintenant entendre, par ce terme et ce principe tout à fait important, la souveraineté ? J'entends par là un pouvoir originaire absolu, sans limite, universel, sur un sujet individuel ou sur toute association de sujets. »

Le professeur Esmein, dans son *Traité*, non moins classique, de *Droit constitutionnel*, écrit : « Cette autorité, qui naturellement ne reconnaît point de puissance supérieure ou concurrente, quant aux rapports qu'elle régit, s'appelle la souveraineté. »

Ces définitions de Burgess et d'Esmein expriment toujours la même idée. Si la souveraineté est, en effet, une volonté qui jamais ne se détermine que par elle-même, il en résulte évidemment qu'elle ne reconnaît ni puissance supérieure ni puissance concurrente ; qu'elle est, comme dit Burgess, une puissance originaire, c'est-à-dire qu'elle n'a point reçu ce caractère d'une volonté antérieure ou supérieure à elle, parce qu'elle dépendrait alors de cette volonté. La souveraineté est illimitée ou absolue, car, si elle ne l'était pas, elle dépendrait d'une autre volonté qui la limiterait et, par conséquent, elle cesserait de se déterminer exclusivement par elle-même.

Il est bien entendu que, dans tout cela, ce ne sont pas mes idées que j'expose, que je traduis simplement une doctrine, mais une doctrine qui a joué un rôle capital et qui est par elle-même un fait social de premier ordre. Aussi bien, s'il faut vous dire toute ma pensée, j'estime que, dans cette doctrine de la souveraineté, quelque logique qu'elle soit, il n'y a pas un atome de réalité positive, que c'est une construction de métaphysique formelle, curieuse et logiquement édifiée, mais tout à fait étrangère à la réalité concrète et qui est aujourd'hui en train de s'écrouler. Quoi qu'il en soit, quelles sont les conséquences que l'on rattachait à ce caractère de la souveraineté ?

III

Tout d'abord, on aperçoit que la volonté souveraine ainsi comprise ne peut jamais être grevée d'une obligation quelconque envers d'autres volontés. Elle peut avoir des droits ; elle n'a point d'obligations. Si elle en avait, elle serait liée par une autre volonté ; elle cesserait donc de se déterminer exclusivement par elle-même, elle cesserait d'être une volonté souveraine. C'est pourquoi Rousseau, un des artisans de la doctrine, écrivait : « Il est contre la nature du corps politique que le souverain s'impose une loi qu'il ne puisse enfreindre [1]. » Et Kant, qui, je l'ai montré dans une étude publiée dans la *Harvard Law*

1. *Contrat social*, livre I, chap. vii.

Review en 1917, s'est directement inspiré, dans sa doctrine politique, des idées du *Contrat social*, écrit : « Une loi (la loi du souverain) qui est si sacrée, si inviolable, que c'est déjà un crime de la mettre seulement en doute... ne semble pas venue des hommes, mais de quelque législateur suprême et infaillible... De là cette proposition que le maître dans l'État n'a que des droits vis-à-vis de ses sujets et qu'il n'a point de devoirs [1]. »

Dans ces conditions, la souveraineté est une volonté toujours commandante. Elle est une volonté supérieure à toutes les autres volontés se trouvant sur un territoire donné. Par conséquent, elle n'entre pas en rapport avec elles par voie de contrat, mais seulement par voie de commandement. Il y a toujours, entre le souverain et les sujets, un rapport de supérieur à subordonné. La souveraineté est, par nature, une volonté exclusivement et toujours commandante. Suivant une vieille expression, empruntée au droit canonique, toute société dans laquelle existe une puissance souveraine est une société *inégale*, c'est-à-dire qu'elle se compose de personnes qui sont dans une situation différente et dont les volontés ont des caractères et des pouvoirs différents. Les personnes qui interviennent au nom de la souveraineté, qui expriment la volonté souveraine, sont supérieures aux autres et agissent vis-à-vis d'elles par voie de commandement, et uniquement par voie de commandement. Les personnes auxquelles s'adresse le souve-

1. *Métaphysique du droit*, traduction française de Barni, p. 177.

rain sont obligées d'exécuter l'ordre qu'il leur donne, non point à cause du contenu de cet ordre, mais parce qu'il émane d'une volonté supérieure par nature à leur propre volonté.

Ce caractère de volonté supérieure et commandante est tellement inhérent à la souveraineté que, lorsque, pour une raison ou une autre, le souverain, au lieu de procéder par voie d'acte unilatéral, par voie de commandement, fait un contrat, on dit que ce contrat n'a point le caractère de celui intervenu entre deux personnes non souveraines, qu'il a un caractère particulier qui le distingue des contrats ordinaires, et on prétend qu'il ne faut pas lui appliquer le droit commun des contrats. Doctrine singulièrement dangereuse, qui ne conduit à rien de moins qu'à la politique absolutiste à l'intérieur et à la politique de rapine et de violence à l'extérieur.

IV -

Une autre conséquence, tirée du caractère de la souveraineté, est son unité et son indivisibilité. L'article 1er du préambule du titre III de la constitution française de 1791 portait : « La souveraineté est une, indivisible et inaliénable. » C'était absolument logique.

La souveraineté est une, cela veut dire que, sur un territoire donné, il ne peut y avoir qu'une seule et unique souveraineté, et qu'un même homme ne peut être soumis qu'à une seule et unique souveraineté.

Supposons en effet que, sur un même territoire, il y ait deux souverainetés ou qu'un même homme soit soumis à deux souverainetés. Si nous supposons que les deux souverains donnent des ordres contraires, ou bien ces ordres ne s'exécuteront pas, et alors il n'y aura pas de souveraineté du tout, puisque ces deux prétendues souverainetés s'entravent réciproquement et que ces volontés cessent d'être indépendantes. Ou bien de ces deux ordres contradictoires, un seul s'exécutera, et c'est alors la volonté qui a donné cet ordre qui est seule souveraine, l'autre ne l'est pas puisqu'elle est limitée, entravée par l'autre volonté. Il n'y a donc plus qu'une seule souveraineté sur un même territoire et s'imposant aux mêmes hommes. En d'autres termes, supposez sur un même territoire deux prétendues souverainetés faisant des lois contradictoires. Ou bien, aucune de ces lois n'aura force obligatoire, et alors il n'y aura pas de souveraineté du tout. Ou une seule de ces lois est obligatoire, l'autre ne l'étant pas ; dès lors, cette dernière ne sera pas souveraine, la première seule le sera. Il n'y a donc sur le territoire qu'une seule souveraineté.

Je fais observer, en passant, que cette idée de l'unité de la souveraineté a donné naissance au célèbre problème de l'État fédéral. Avec cette théorie de la souveraineté, il est absolument impossible d'expliquer le système fédéral, le système des États-Unis, où par exemple l'habitant de New-York est soumis en même temps à la puissance fédérale des États-Unis et à la puissance locale de l'État de New-York. Si ces deux puissances sont dites souveraines, ou bien elles se neutralisent et cessent toutes les deux d'être souveraines, ou bien l'une doit céder à l'autre et cesse par là même d'être souveraine. Mais alors, le titulaire de la puissance qui cesse d'être souveraine n'est plus un État. Si c'est la fédération, les États-Unis ne sont plus un État. Si c'est l'État-membre, celui-ci n'est plus un État. Le problème est proprement insoluble. C'est même, selon moi, une des meilleures preuves de ce qu'a d'artificiel et d'irréel cette théorie de la souveraineté.

Non seulement la souveraineté est une, mais elle est encore indivisible. Cela veut dire qu'elle ne peut pas être fragmentée en divers éléments incorporés dans des organes distincts. Une volonté est ou n'est pas; elle ne peut pas être partiellement. Si la souveraineté était divisée, il y aurait des fragments de volonté, ce qui est évidemment une chose que l'esprit se refuse à concevoir. D'autre part, si l'on supposait la souveraineté divisée entre deux ou plusieurs organes, ou bien ces divers organes seraient tous souverains, ce qui est impossible, puisqu'on vient de démontrer que la souveraineté est une; ou bien aucun de ces organes ne serait souverain, et alors il n'y aurait plus de souveraineté du tout.

Enfin, un dernier caractère de la souveraineté est l'inaliénabilité, ce qui veut dire que l'être qui est titulaire de la souveraineté ne peut pas la céder à un autre. Effectivement, la souveraineté étant une volonté ne peut se détacher de l'être, quel qu'il soit, qui en est le titulaire. Si celui-ci, en effet, aliénait sa souveraineté, il cesserait par là même d'exister en tant qu'être investi d'une volonté et, au moment où il la céderait, la souveraineté disparaîtrait. L'homme ne peut aliéner sa volonté ; il reste toujours investi de la volonté qui constitue l'essence de son être. L'aliénation de sa volonté serait un véritable suicide, et sa volonté disparaîtrait au moment même où il voudrait l'aliéner. Il n'en serait pas différemment pour la souveraineté.

Ce dernier caractère de la souveraineté m'amène à poser une double question qu'il faut absolument résoudre pour achever notre étude de la souveraineté. Quel est l'être qui est titulaire de cette volonté qui a le caractère de volonté souveraine ? Et secondement, si l'on reconnaît à la volonté d'un certain être le caractère souverain, comment cela peut-il s'expliquer ? C'est le célèbre problème du titulaire et de l'origine de la souveraineté. Comment l'a-t-on résolu en 1789 ? Tel sera l'objet de notre prochain entretien.

SIXIÉME LEÇON

La nation titulaire originaire de la souveraineté.

MESDAMES, MESSIEURS,

J'ai essayé de montrer, dans notre dernier entretien, que, d'après la doctrine de 1789, la souveraineté est une volonté, mais une volonté qui a ce caractère propre, et propre à elle seule, de ne jamais se déterminer que par elle-même, une volonté qui a la compétence de sa compétence, qui est par conséquent indépendante de toute autre volonté, une volonté qui a des droits, mais point des devoirs, une volonté qui intervient toujours comme volonté commandante.

La souveraineté étant ainsi comprise, il reste évidemment deux questions, et deux questions capitales, à résoudre.

D'abord toute volonté suppose une personne qui en est le support, le titulaire. Qu'est-ce qu'une personne ? C'est tout être conscient de lui-même, de ses actes, de ce qu'il fait ou de ce qu'il ne fait pas, de pourquoi il le fait ou ne le fait pas, et en même temps un être restant identique à lui-même pendant tout le cours de son existence. Seule une personne, c'est-à-dire un être conscient de lui-même, peut servir de support à une volonté. En effet, qu'on n'oublie pas que, comme je l'ai expliqué dans un précédent entretien, la volonté est une énergie idéo-motrice, suivant l'expression de William James, c'est-à-dire une énergie qui passe à l'état d'acte sous l'action d'une idée. La souveraineté étant une volonté ne peut avoir pour titulaire qu'une personne, c'est-à-dire un être conscient. Quelle est cette personne ? C'est le problème du titulaire de la souveraineté.

D'autre part, la souveraineté est une volonté qui a un caractère propre, une volonté supérieure, indépendante, commandante, qui lie les autres volontés et qui, elle, ne peut être liée par aucune autre. Comment s'explique et se justifie ce caractère propre à la volonté souveraine ? Celle-ci, bien que supérieure aux autres volontés se trouvant sur un territoire donné, est cependant une volonté humaine. Comment, dès lors, peut-on expliquer qu'elle soit supérieure aux autres volontés humaines ? C'est le problème dit problème de l'origine de la souveraineté, problème qui a occupé les esprits dès le moment où l'on a réfléchi aux choses sociales et politiques. Problème sur lequel on a écrit des montagnes de livres et dont cependant, il faut bien le dire, la solution n'a pas avancé d'un pas, pour cette bonne raison qu'il est absolument insoluble humainement, parce qu'on ne peut pas expliquer humainement qu'une volonté humaine soit supérieure à une autre volonté humaine.

C'est cependant ce qu'a tenté de faire la conception de souveraineté nationale; et je veux essayer, dans cette leçon, de montrer comment. Cependant, il n'est pas inutile de dire auparavant quelques mots d'une doctrine qui a eu dans l'histoire, elle aussi, une grande place, qui a évolué, on peut dire, concurremment à la doctrine de la souveraineté nationale, qui a exercé sur cette dernière une certaine action, comme elle en a, de son côté, ressenti l'influence, une doctrine enfin qui, encore aujourd'hui, occupe dans certains esprits une grande place. Je veux parler de la doctrine dite du droit divin.

I

Quand on parle de la doctrine du droit divin, il ne faut pas oublier qu'elle a été présentée sous deux formes tout à fait différentes et qu'il importe de distinguer soigneusement, si l'on veut avoir une idée exacte de la doctrine. Un juriste français distingué, M. de Vareilles-Sommières, a appelé l'une la théorie du droit divin surnaturel, l'autre la théorie du droit divin providentiel.

Dans la théorie du droit divin surnaturel, le titulaire de la souveraineté est l'individu qui exerce le pouvoir dans un pays donné, le chef de l'État, roi, empereur, consul, peu importe le nom qu'on lui donne, celui que les théologiens appellent le prince, que les auteurs allemands appellent le *Herrscher*. Le prince est désigné directement par Dieu pour gouverner un peuple. C'est Dieu lui-même qui l'investit du pouvoir politique ; et c'est à Dieu seul qu'il doit rendre compte de la manière dont il exerce sa puissance. Il est ainsi investi directement d'un caractère sacré qui explique son pouvoir. Il a des droits sur ses sujets ; mais ses sujets n'ont point de droits contre lui. Il a des devoirs, mais seulement envers Dieu, qui lui a directement conféré un pouvoir surnaturel et qui seul peut lui demander compte de ses actes.

Vous vous tromperiez si vous pensiez que cette doctrine est celle de tous les théologiens catholiques. Si j'avais le temps, je vous montrerais que les plus grands, comme saint Thomas d'Aquin au xiiie siècle, et Suarez à la fin du xvie, enseignaient une doctrine différente, se rattachant plutôt à ce que j'ai appelé le droit divin providentiel et dont je vais dire un mot dans un instant.

La doctrine du droit divin surnaturel n'est même guère affirmée en France avant le xviie siècle. Sans doute on énonçait la vieille formule qui paraissait bien l'impliquer : « Le roi de France ne tient son royaume que de Dieu et de son épée. » Mais c'était là une formule plutôt négative que positive. Je veux dire qu'elle servait au roi pour refuser de reconnaître une suprématie quelconque à l'empereur germanique et au pape, et pour affirmer son indépendance complète à leur égard. C'est seulement dans certains écrits attribués à Louis XIV et dans un édit de Louis XV de décembre 1770 qu'on trouve la formule la plus précise de la doctrine du droit divin surnaturel. Il y est dit : « Que l'autorité dont les rois sont investis est une délégation de la Providence ; que c'est en Dieu et non dans le peuple qu'est la source du pouvoir et que c'est à Dieu seul que les rois sont comptables du pouvoir dont il les a investis. »

Il n'est pas sans intérêt de rapprocher de ces formules certaines déclarations de Guillaume II, empereur allemand, qui lui aussi a maintes fois affirmé qu'il tenait son pouvoir impérial directement d'une délégation divine, et qu'à Dieu seul il devait compte de ses actes. Les Alliés lui ont donné raison, puisque, malgré les dispositions formelles de l'article 227 du traité de Versailles, ils ont laissé au bon Dieu le soin de le juger.

A Coblentz, au mois de septembre 1897, Guillaume II disait : « Guillaume Ier a montré et fait rayonner bien haut un trésor que nous devons conserver saintement, c'est la royauté par la grâce de Dieu... avec ses responsabilités redoutables devant le créateur seul, responsabilités dont aucun ministre, aucune chambre des députés, aucun peuple ne peut relever le prince. » Le 26 août 1910, à Kœnigsberg, il disait encore : « Me considérant comme un instrument du Seigneur et indifférent aux manières de voir du jour, je poursuis ma voie, uniquement consacrée à la prospérité et au développement pacifique de la patrie. »

L'auteur allemand d'un livre très intéressant intitulé *Le mensonge du 3 août 1914* reproduit le fac-similé d'une déclaration autographe de Guillaume II du mois d'octobre 1916 commençant par ces mots : « Le roi étant de droit divin ne doit de compte qu'à Dieu seul. Il ne doit déterminer sa voie et ses actes que sous ce point de vue. »

Dans un livre intitulé *Le roi*, qui vient de paraître et dont vous avez pu lire le compte rendu dans le *New-York Times* du 17 décembre courant, Rosner, historiographe de Guillaume II, dépeignant l'attitude de l'Empereur pendant la nuit tragique du 18 septembre 1918, où il apprit de la bouche du maréchal Hindenbourg et du général Ludendorf que l'armée allemande était irrémédiablement perdue, l'auteur prête à Guillaume II les pensées suivantes : « Je suis roi..., j'ai l'office suprême, chargé de responsabilités et ainsi investi du pouvoir de trouver la droite voie, les mesures à prendre, la conduite à tenir. Je ne serais qu'un vain fou, un aventurier irresponsable si je n'avais pas la foi en la grâce de Dieu et si je n'étais pas saintement conscient de ma mission. Non, je n'ai pas le droit d'exprimer mes alarmes devant eux (les officiers de l'État-Major). En cette heure sombre, je reste seul avec mes angoisses, et comme le Christ au jardin des Oliviers pendant que ses disciples sont endormis, je prie et je dis : Père, si c'est possible, éloigne de moi cette coupe d'amertume ; mais fais non comme je veux, et seulement comme tu veux. » Ainsi, jusqu'au dernier moment, Guillaume II paraît être resté plein de foi dans la délégation divine qu'il aurait reçue du ciel.

Mais ce n'est point cependant sous cette forme du

droit divin surnaturel que la doctrine théocratique a fait sentir son influence sur le développement général des idées politiques et particulièrement sur la conception de la souveraineté nationale. C'est sous la forme de la théorie du droit divin providentiel.

II

Dans cette dernière théorie, le pouvoir politique vient de Dieu seul, suivant la parole de l'Apôtre saint Paul : *Omnis potestas a Deo*. Mais, l'homme ou les hommes qui le possèdent n'ont point reçu une délégation divine donnée à eux directement. Ils sont investis du pouvoir politique par des moyens humains qui se réalisent sous la direction constante de la Providence divine toujours présente. Ainsi cette doctrine est compatible avec toutes les formes de goüvernement, la monarchie, la démocratie, l'aristocratie. C'est le pouvoir politique en soi qui vient de Dieu ; mais les formes contingentes du pouvoir viennent des hommes, qui peuvent se donner le gouvernement qui leur convient. Le gouvernement a cependant toujours quelque chose de divin, parce qu'il exerce une puissance qui est d'origine divine.

C'était là la doctrine, je l'ai déjà indiqué d'un mot, défendue par les grands théologiens catholiques, et notamment par saint Thomas d'Aquin au xiii® siècle, et Suarès à la fin du xvi®. Au xix® siècle, elle a eu deux illustres représentants, Joseph de Maistre et Bonald. Je me bornerai à faire une seule citation empruntée à ce dernier, qui écrit : « Le pouvoir est légitime, non dans ce sens que les hommes qui l'exercent y sont nommés par un ordre visiblement émané de la divinité, mais parce qu'il est constitué sous la loi naturelle et fondamentale de l'ordre social, dont Dieu est l'auteur, loi contre laquelle tout ce qu'on fait, dit Bossuet, est nul de soi et à laquelle, en cas d'infraction, l'homme est ramené par la force irrésistible des événements [1]. »

La doctrine du droit divin providentiel se concilie logiquement avec les règles du gouvernement limité par l'intervention des représentants du peuple et par l'existence de lois humaines consacrant la responsabilité effective des gouvernants. Elle accepte même tout gouvernement établi en fait dans un pays, quelle que soit sa forme, royauté, empire, république, qui assure l'ordre et la paix.

Tel était l'enseignement formel du grand pape Léon XIII. « Lors donc, écrivait-il en 1892, dans sa lettre aux cardinaux français (lettre dite sur le ralliement), que dans un pays il existe un pouvoir constitué et mis à l'œuvre, l'intérêt commun se trouve lié à ce pouvoir, et l'on doit, pour cette raison, l'accepter tel qu'il est. C'est pour cela et dans ce sens que nous avons dit aux catholiques français : acceptez la république, respectez-la, soyez-lui soumis comme représentant le pouvoir même de Dieu. »

Proposition qui est d'ailleurs la conclusion très

1. *Législation primitive, Discours préliminaire*, 5e édition, 1857, p. 41.

nette de la doctrine : le pouvoir politique a quelque chose en soi de divin ; et c'est ce caractère divin qui fait avant tout qu'on lui doit obéissance.

III

Cette proposition me sert en même temps de transition à la doctrine de la souveraineté nationale ; car celle-ci, elle aussi, reconnaît au pouvoir politique quelque chose de divin. On l'a dit souvent, elle a substitué le droit divin du peuple au droit divin du roi, et c'est ce qui me faisait dire, en commençant cet entretien, que la doctrine théocratique a certainement exercé une action directe sur la doctrine de la souveraineté nationale.

Dans cette dernière, c'est la nation elle-même qui est titulaire de la souveraineté et titulaire dès l'origine. Cela veut dire que, du moment où une collectivité existe comme nation, elle est investie naturellement et nécessairement de là souveraineté sur tous les individus qui se trouvent sur son territoire. Comment cela s'explique-t-il ? Comment et pourquoi la collectivité nationale est-elle investie d'une puissance commandante souveraine ?

Pour le comprendre, il faut tout d'abord admettre que la nation est une personne distincte de la somme des individus qui la composent, qu'elle possède, comme nation, une conscience et une volonté, l'une et l'autre une et collective, distinctes des consciences et des volontés individuelles, ou, comme on dit quelquefois, qu'il y a une âme nationale distincte des âmes individuelles.

Tel est, en effet, le postulat fondamental de toute doctrine de la souveraineté nationale. Il faut admettre que la nation n'est pas seulement cet ensemble d'individus rattachés à un territoire et unis les uns aux autres par le sentiment qu'ils poursuivent en commun un certain idéal d'ordre à la fois matériel et moral qu'ils ne peuvent atteindre que par le territoire qu'ils habitent. Il faut admettre qu'il n'y a pas seulement dans la nation une étroite interdépendance réunissant ses membres par le souvenir des luttes et des souffrances communes, des défaites et des victoires, par la communauté de race et de langue, mais encore que la nation est une grande personnalité morale ayant véritablement une conscience, une volonté distinctes des consciences et des volontés individuelles.

Renan exprimait bien cette conception de la personnalité nationale quand il écrivait : « Des nations comme la France, l'Allemagne, l'Angleterre agissent à la manière de personnes ayant un caractère, un esprit déterminés ; on peut raisonner d'elles comme on raisonne des personnes. La nation, l'Église, la cité existent plus que l'individu, puisque l'individu se sacrifie pour ces entités qu'un réalisme grossier regarde comme de pures abstractions [1]. »

Pour vous dire toute ma pensée, au risque de passer, suivant l'expression de Renan, pour un réaliste grossier, je ne puis admettre cette personnifi-

1. *Discours et conférences*, p. 89.

cation de la nation. En science positive, il y a là
quelque chose d'absolument indémontrable. Évidemment la nation est une réalité, et tout ce que j'ai dit
précédemment tendait à le démontrer. Mais on ne
peut pas en conclure qu'elle soit une personnalité.
Sans doute les membres d'une même nation, au
même moment, pensent et veulent la même chose.
Mais de ce que des millions de personnes pensent
et veulent la même chose au même moment, poursuivent un même but, aspirent à un même idéal, il
ne résulte pas, on ne démontrera jamais qu'il
résulte que, outre les millions de volontés individuelles, il y ait une volonté générale, une et collective, distincte d'elles et supérieure à elles.

Et cependant la sociologie contemporaine, qui prétend être scientifique et reposer exclusivement sur
l'observation directe des faits, est d'accord ici avec la
doctrine purement métaphysique de 1789. Elle admet,
comme elle, qu'il existe une réalité sociale personnelle
distincte des personnes individuelles qui composent
le groupe social, et l'un des représentants les plus
distingués de l'école sociologique, un disciple de
l'illustre et regretté Durkheim, m'a vivement reproché de ne pas l'admettre. M. Davy écrit en effet :
« Si Duguit s'appuie sur la sociologie, il faut être
avec la sociologie véritablement d'accord. Pour cela,
il faut, et avant tout, qu'allant au fond des choses,
il admette le postulat sur lequel repose toute la
sociologie, l'existence d'une réalité, d'une conscience,
d'une volonté collective distinctes de la réalité,

de la conscience et de la volonté individuelle[1]. »

La sociologie moderne a-t-elle essayé de démontrer la réalité personnelle de la nation ? Pas le moins du monde. On en est resté sur ce point à la prétendue démonstration qu'a tenté d'en donner Jean-Jacques Rousseau dans le *Contrat social*. Vous allez juger ce qu'elle vaut.

Après avoir affirmé que les hommes sont nés libres, indépendants et isolés et que c'est par un contrat librement consenti qu'ils ont fondé la société, contrat dans lequel chacun a fait abandon de sa liberté naturelle et a acquis en retour la sécurité, Rousseau écrit : « A l'instant, au lieu de la personne particulière de chaque contractant, cet acte d'association produit un corps moral et collectif, composé d'autant de membres que l'assemblée a de voix, lequel reçoit de ce même acte son *moi commun*, sa vie, sa volonté[2]. »

Voilà donc le grand mot. Tout groupement social, la nation comme la cité, a par le fait du contrat social son moi commun, c'est-à-dire une conscience propre distincte des consciences individuelles, une volonté propre distincte des volontés individuelles. En un mot, il est une personne. Cette volonté de la personne collective, cette volonté générale, comme dit Rousseau, cette volonté de la personne qu'est la nation n'est pas la somme des volontés individuelles, mais une volonté ayant une réalité distincte des individus.

1. *Revue philosophique*, mai-avril 1920, p. 271.
2. *Contrat social*, livre I, chap. v.

Elle est, en même temps, une volonté souveraine. La nation-personne est originairement et par nature titulaire de la souveraineté.

Il reste à expliquer pourquoi il en est ainsi. A vrai dire, d'explication on n'en donne point. Ou du moins l'explication que l'on tente d'en donner n'a pas plus de valeur que celle donnée pour expliquer la souveraineté dans la doctrine du droit divin que j'exposais au début de cet entretien.

IV

Pour démontrer que la volonté de la nation-personne a le caractère d'une volonté souveraine, on s'est quelquefois contenté de dire que par nature la nation est supérieure à l'individu, parce que le tout est supérieur aux parties qui le composent et que, par conséquent, l'individu est subordonné à la volonté de la nation, comme faisant partie d'un tout qui lui est naturellement et forcément supérieur. Évidemment, c'est un raisonnement purement formel et qui ne démontre rien du tout.

Aussi, les théoriciens de la souveraineté nationale, pour expliquer la puissance souveraine de la nation, ont-ils eu recours à un raisonnement plus subtil, mais qui, à mon sens, n'est pas plus démonstratif que le précédent. De plus il aboutit en définitive à la négation de la souveraineté nationale.

C'est encore Rousseau qui, le premier, a formulé

nettement l'idée, qui se résume ainsi : la souveraineté appartient à la nation parce que l'individu, tout en étant subordonné à cette souveraineté, reste libre. En effet, la nation étant formée des particuliers qui la composent, l'un d'eux en obéissant à la nation ne fait, en dernière analyse, qu'obéir à lui-même, et obéissant à lui-même, il reste libre. « La souveraineté, dit Rousseau, n'étant formée que des particuliers qui la composent, n'a ni ne peut avoir d'intérêt contraire au leur. Par conséquent, la puissance souveraine n'a nul besoin de garants envers les sujets, parce qu'il est impossible que le corps veuille nuire à tous ses membres... Enfin, continue Rousseau, chacun se donnant à tous ne se donne à personne[1].

Mais une objection vient immédiatement à l'esprit. Cette volonté de la nation personnifiée, pour se traduire à l'extérieur, s'exprime forcément par une majorité et une minorité. Par conséquent, quand on dit que c'est la volonté générale qui s'impose aux individus et que les individus qui concourent à former cette volonté générale ne font qu'obéir à leur propre volonté, ce n'est pas vrai. Ce qui est vrai, c'est qu'il se forme toujours une majorité et une minorité, que la majorité impose sa volonté à la minorité. Or cela on ne l'explique pas, on ne peut pas l'expliquer.

Rousseau cependant a tenté d'écarter l'objection, mais par un sophisme qui dépasse toute expression. Vous allez en juger : « Le citoyen, dit Rousseau,

[1]. *Contrat social*, livre I, chap. VII.

consent à toutes les lois, même à celles qu'on passe malgré lui, et même à celles qui le punissent quand il ose en violer quelqu'une. La volonté constante de tous les membres de l'État est la volonté générale ; c'est par elle qu'ils sont citoyens et libres. Quand on propose une loi dans l'assemblée du peuple, ce qu'on leur demande n'est pas précisément s'ils approuvent la proposition ou s'ils la rejettent, mais si elle est contraire ou non à la volonté générale qui est la leur. Chacun en donnant son suffrage donne son avis là-dessus ; et du calcul des voix se tire la déclaration de la volonté générale. Quand donc l'avis contraire au mien l'emporte, cela ne prouve autre chose, sinon que je m'étais trompé et que ce que j'estimais être la volonté générale ne l'était pas [1]. »

Il est inutile d'insister davantage. Tous ces raisonnements de Rousseau sont de purs sophismes et ne démontrent rien. Deux des penseurs français les plus profonds du xixe siècle n'ont pas hésité à le dire, commençant ainsi à saper à la base la religion de la souveraineté nationale qui est en train de s'éteindre. Saint-Simon a écrit : « L'expression souveraineté par la volonté du peuple ne signifie rien que par opposition à souveraineté par la grâce de Dieu. Ces deux dogmes réciproques n'ont qu'une existence réciproque. Ils sont les restes de la longue guerre métaphysique qui eut lieu, dans toute l'Europe occidentale, depuis la Réforme [2]. »

1. *Contrat social*, livre IV, chap. ii.
2. *Du régime industriel*, 1re Lettre au roi.

Et Auguste Comte : « Depuis plus de trente ans que je tiens la plume philosophique, j'ai toujours représenté la souveraineté du peuple comme une mystification oppressive, et l'égalité comme un ignoble mensonge[1]. »

Comment donc cette conception de la souveraineté nationale qui, en science positive, ne soutient pas l'examen, a-t-elle occupé et occupe-t-elle encore une place aussi considérable dans la vie et dans la conscience des peuples modernes ? Pour la raison que j'ai déjà dite, parce qu'on y a vu une vérité d'ordre religieux, un article de foi, un dogme. On a cru, pendant des siècles, à la délégation divine dont les princes se prétendaient investis. En 1789, on a cru, avec la même ferveur, à cette sorte de divinité terrestre qu'est la souveraineté nationale. Le dogme a eu ses apôtres et ses martyrs. La foi ardente à la souveraineté du peuple a soulevé les masses, a renversé les trônes, a fait le monde politique moderne. L'homme a toujours été porté, pour expliquer ce qu'il voit, à placer, derrière les phénomènes qu'il aperçoit, des forces surnaturelles ou métaphysiques qu'il ne voit pas. Pendant des siècles, derrière la puissance des princes, il a placé la divinité qui lui donnait cette puissance. En 1789, derrière la puissance des gouvernants, il a placé une entité métaphysique nouvelle, la personnalité souveraine de la nation. Ce n'était là que des hypothèses ; mais elles

—————

1. *Système de politique positive*, édition 1806, IV, Appendice, p. 443.

plaisaient aux aspirations mystiques; et les hommes du xixᵉ siècle y ont cru avec la même ardeur que leurs ancêtres du moyen âge.

La foi au dogme de la souveraineté nationale est aujourd'hui à son déclin; et peut-être les jeunes de maintenant assisteront-ils à sa disparition complète. Mais je n'ose espérer qu'elle ne soit pas remplacée par une autre, peut-être par je ne sais quelle religion bolcheviste, qui serait certainement moins féconde et moins humaine que n'a été celle de la souveraineté nationale.

V

Laissons cela et concluons. Dans la doctrine de la souveraineté nationale, telle qu'elle est à son complet développement, la nation est une personne investie d'une conscience et d'une volonté. Cette volonté est souveraine. Cette souveraineté est exercée par les gouvernants, au nom et comme représentants de la nation. Il y a un État lorsque cette volonté souveraine de la nation est représentée par un gouvernement. L'État est donc une corporation nationale souveraine, représentée par un gouvernement. L'État est par définition souverain, puisqu'il est la nation souveraine elle-même, organisée et représentée.

Mais, cette souveraineté de l'État national, comment va-t-elle jouer? Cette conception que nous venons de décrire dans toute sa pureté, comment s'est-elle comportée depuis un siècle dans les diverses applications qui en ont été faites; et aujourd'hui comment se comporte-t-elle ? D'abord comment se comporte-t-elle dans les relations internationales ? Ce sera l'objet de notre prochain entretien.

SEPTIÉME LEÇON

La souveraineté nationale dans les relations extérieures.

MESDAMES, MESSIEURS,

Dans les leçons précédentes, j'ai essayé de montrer comment s'était élaborée la conception de l'État moderne, fondée sur l'idée de souveraineté nationale. Nous avons déterminé ce que c'était qu'une nation, ce que c'était que la souveraineté et nous sommes arrivés à cette définition de l'État : une nation souveraine organisée en gouvernement, ou encore la souveraineté nationale exercée par un gouvernement.

Cela compris, deux questions se posent. C'est en les examinant, en recherchant comment on a tenté de les résoudre que nous pourrons nous rendre compte de l'évolution qu'a suivie, depuis 1789, la notion de souveraineté nationale.

La première de ces deux questions apparaît quand on considère les rapports de l'État souverain avec ses sujets, c'est-à-dire avec les individus qui lui sont subordonnés, soit parce que simplement ils se trouvent en fait sur son territoire, soit parce que tout à la fois ils sont ses nationaux et se trouvent sur le territoire national. On considère ainsi l'État agissant à l'intérieur et se rencontrant avec les particuliers qui paraissent lui être subordonnés. On aperçoit tout de suite que la souveraineté vient alors s'opposer à la liberté de l'individu, ou, suivant une expression plus compréhensive et partant plus exacte (dont je me suis déjà servi), à l'autonomie de la personne humaine. Vous vous rappelez que, dans notre première réunion, j'ai montré qu'en même temps que l'on formulait, en France et en Amérique, à la fin du xviii° siècle, le principe de la souveraineté nationale, on proclamait aussi le principe de l'autonomie individuelle, je pourrais dire le principe de la souveraineté individuelle, et qu'ainsi on mettait en quelque sorte face à face la souveraineté de l'État et la souveraineté de l'individu.

Comment ces deux souverainetés vont-elles se concilier ? Il faut de toute nécessité que l'une d'elles cède à l'autre. Comment la combinaison s'est-elle faite et comment cette combinaison est-elle née d'une double évolution de la notion de souveraineté nationale et de la notion de liberté ? C'est ce que nous aurons à examiner dans les leçons qui vont suivre.

Mais, un autre problème non moins important et et non moins difficile s'est aussi posé, et qu'il faut examiner immédiatement. Celui-ci, on peut bien le dire, il faut même le dire franchement, n'a pas encore vraiment reçu de solution. C'est le problème relatif aux rapports de l'État souverain avec les autres États souverains ; c'est la question de savoir comment se comporte la souveraineté nationale dans les relations internationales. Ici, il n'y a pas de contestation possible ; ce sont bien deux souverainetés qui s'affrontent, deux personnes également souveraines qui se rencontrent. Peut-on concevoir que les relations entre ces deux personnes souveraines soient soumises à une règle de droit supérieure à l'une et à l'autre, à une règle de droit qui limite leur action et leur impose de véritables obligations? Par définition, nous l'avons montré précédemment, la souveraineté de l'État est une volonté qui ne se détermine jamais que par elle-même, une volonté qui a des droits, mais point d'obligations, parce que, si elle en avait, elle cesserait d'être souveraine, puisqu'elle cesserait de se déterminer exclusivement par elle-même.

L'État souverain n'a point de devoirs, mais seulement une puissance commandante dans ses rapports avec les particuliers, parce qu'on peut dire que, si les individus sont autonomes, que si cette autonomie peut être comparée à la souveraineté, cependant c'est en quelque sorte une souveraineté secondaire et subordonnée et que, par conséquent, le rapport existant entre l'État souverain et ses sujets autonomes est un rapport de supérieur à subordonné, rapport soumis à une règle de droit, fondée précisément sur cette subordination des sujets à l'État. Mais il ne peut pas en être ainsi des rapports entre deux États souverains. Les deux souverainetés sont exactement de même nature et de même ordre ; l'une d'elles ne peut céder à l'autre ; ni l'une ni l'autre ne peuvent être grevées d'obligations ; l'une et l'autre ne peuvent avoir que des droits. Et cependant, s'il y a des rapports permanents entre les États souverains, il faut bien que ces rapports soient soumis à une règle ; et toute règle impose des obligations aux sujets de ces rapports.

Les États souverains peuvent-ils être subordonnés à une règle qui leur impose des obligations réciproques ? Il semble logiquement que non, car, s'ils sont soumis à une règle qui vient limiter leur liberté d'action, leur indépendance, ils cessent d'être souverains ; ils cessent, peut-on dire, d'être des États. D'autre part, si on n'arrive pas à déterminer le fondement solide d'une règle s'imposant aux États dans leurs rapports entre eux, la force seule vaudra ; au cas de conflit, c'est la guerre et seulement la guerre qui décidera. Quelle perspective d'avenir pour l'humanité !

Tel est le problème connu sous le nom de problème du fondement du droit international. Il n'y en a pas de plus grave et de plus angoissant. Pour vous dire toute ma pensée, il est véritablement insoluble, si l'on maintient la notion de souveraineté. Cela ressortira clairement de l'examen que nous allons faire des efforts tentés vainement pour le résoudre. Voyons d'abord les théories imaginées pour trouver un principe de solution, et ensuite les tentatives des diplomates pour la réaliser. La Ligue des Nations, dont, dans un grand pays que je n'ai pas besoin de nommer,

on dit beaucoup de mal, restera cependant comme
le plus noble effort qui jamais ait été fait pour fonder
sur le droit les relations des peuples.

I

Comment les théoriciens ont-ils tenté de résoudre
le problème du droit international ?

A la veille de la guerre, apparaissaient pour fonder
le droit international deux doctrines opposées, l'une
défendue par les juristes français, l'autre par les
juristes allemands. Entre elles, vous allez voir apparaître déjà l'opposition absolue qui se retrouve, dans
toutes les doctrines de droit public, entre la France
et l'Allemagne.

Les juristes français tentaient de fonder le droit
international sur une conception sensiblement pareille
à la conception individualiste sur laquelle ils persis-
taient à fonder le droit interne. Voici comment ils
raisonnaient. Tous les États, disaient-ils, sont des personnes égales et souveraines, comme tous les hommes
sont des individus égaux et autonomes. Tous les
États peuvent exercer librement leur action souveraine à l'extérieur; ils peuvent librement développer
leur être en tant qu'État; et cela est proprement
l'exercice de la souveraineté dans les relations exté-
rieures. Mais, de même que l'individu, dans l'exercice
de son activité autonome, doit respecter l'autonomie
des autres, de même l'État, dans l'exercice de sa

souveraineté indépendante, doit respecter l'indépendance souveraine des autres États.

On en tirait cette conséquence que les conventions internationales sont obligatoires pour les États qui les ont signées, parce que, si l'un des États signataires y porte atteinte, il porte par là même atteinte à la personnalité souveraine de l'État co-contractant, exactement de la même manière que l'individu qui viole un contrat porte atteinte à l'autonomie de son co-contractant, dont la situation contractuelle constitue un des éléments. Sous une autre forme, peut-être moins abstraite, on disait : tout État doit respecter les droits fondamentaux des autres États. Un de ces droits fondamentaux consiste à pouvoir faire des conventions internationales ; par conséquent, si un État viole une convention qu'il a signée, il porte atteinte à un des droits fondamentaux de l'État avec lequel il a fait cette convention.

Cependant, malgré tous leurs efforts, les jurisconsultes français, qui tentaient de donner ainsi un fondement au droit international, ne pouvaient échapper à l'emprise de cette absorbante et persistante notion de souveraineté ; et ils étaient obligés de reconnaître que, si l'on affirmait qu'un État est rigoureusement et indéfiniment tenu par une convention internationale exactement de la même manière qu'un particulier est lié par ses contrats, il y a là quelque chose de vraiment attentatoire à la souveraineté. Ils avaient alors imaginé une doctrine, ingénieuse à la vérité, mais qui n'allait à rien de moins qu'à ruiner le fondement même qu'on voulait donner au droit international. Je fais allusion à la théorie dite théorie de la clause *sic rebus stantibus*, théorie d'ailleurs très simple.

On disait : oui, les États sont liés par les conventions internationales ; mais dans toute convention internationale est présumée sous-entendue la clause : *sic rebus stantibus*, c'est-à-dire la clause suivante : les États signataires sont liés par la présente convention, mais seulement tant que les choses resteront ce qu'elles sont. Par conséquent, si les choses viennent à changer, l'État contractant peut se retirer. Suivant l'expression consacrée, tout État signataire d'un traité peut le dénoncer ; et lui seul, dans sa souveraineté restée intacte, est toujours compétent pour apprécier si les choses ont changé de telle sorte qu'il puisse dénoncer le contrat. Ainsi, disait-on, il y a un droit international, et la souveraineté des États se trouve en même temps sauvegardée.

N'était-ce pas reconnaître que, si le droit international existe, il n'a qu'un fondement bien fragile. En vérité, peut-on parler de contrat juridiquement obligatoire, quand une des parties peut toujours s'en dégager au moment où elle le veut et comme elle le veut, sous la seule condition de se conformer à la procédure internationale pour la dénonciation des traités.

II

La doctrine allemande était plus brutale. J'en trouve surtout l'expression dans les ouvrages d'un juriste allemand éminent, dont on ne saurait méconnaitre le rôle et l'influence, le professeur d'Heidelberg, aujourd'hui décédé, Jellinek.

Cette doctrine enseigne que le droit international est essentiellement une création volontaire dès États souverains se limitant eux-mêmes par une convention, une union, suivant l'expression allemande une *Vereinbarung*. L'État, dit-on, est souverain ; il faut toujours partir de là, et il garde ce caractère dans tous les actes de sa vie. Il ne peut pas être soumis à une puissance supérieure dans ses rapports avec les autres États, pas plus que dans ses rapports avec ses sujets. Mais de même qu'à l'intérieur il peut volontairement se soumettre au droit, se limiter par un acte de sa propre volonté, il peut, dans ses rapports avec les autres États, se soumettre à une limitation conventionnelle et créer ainsi un droit international public auquel il est subordonné parce qu'il a par une convention consenti de s'y soumettre. Ainsi, il reste souverain, tout en étant soumis au droit. C'est la doctrine dite doctrine de l'auto-limitation de l'État, qui s'applique dans les relations internationales, comme elle s'applique dans les relations de l'État avec ses sujets.

Il est d'évidence qu'une pareille doctrine donne au droit international un fondement encore plus fragile que celui que tente de lui donner la doctrine française des droits fondamentaux. Celle-ci, en effet, oppose à la souveraineté d'un État les droits fondamentaux des autres États. Sans doute, elle est obligée d'admettre que la notion de souveraineté conduit à autoriser l'État a dénoncer en tout temps les traités signés par lui ; mais enfin, elle tente de fonder la force obligatoire du droit international sur l'existence de droits appartenant aux États et s'opposant à celui qui veut y porter atteinte. La doctrine allemande fonde le droit international sur la subordination volontaire des États se limitant eux-mêmes. Mais une subordination volontaire n'est pas une subordination réelle. Les États, qui ne sont obligés que parce qu'ils le veulent et tant qu'ils le veulent, ne sont pas véritablement obligés. Assurément, leur volonté souveraine reste intacte ; et c'est précisément pour cela qu'il n'y a point, à vrai dire, avec une pareille doctrine, de droit international.

Cette théorie de l'auto-limitation aboutit logiquement à autoriser toutes les violations du droit international, toutes les atteintes aux traités les plus solennels. Quand, le 3 août 1914, l'Allemagne, au mépris du traité qu'elle avait signé (le traité de 1839 garantissant la neutralité de la Belgique), envahissait et ravageait ce pays pour être plus sûre d'écraser plus rapidement et plus complètement la France, elle ne faisait que se conformer à une doctrine que l'un de ses plus illustres juristes enseignait ouvertement et sans hésitation. Quand, éperdu, M. de Bethmann-Hollweg, chancelier de l'Empire allemand, déclarait à M. Goschen, ambassadeur de la Grande-Bretagne, qu'il ne comprenait pas comment l'Angleterre pouvait entrer en guerre pour un chiffon de papier, quand il déclarait au Reichstag que nécessité n'a pas de loi, il ne faisait qu'exprimer, en une formule concrète et laconique, la savante théorie d'un des plus grands jurisconsultes de l'Allemagne.

Le professeur Jellinek ne reculait point d'ailleurs devant les conséquences de sa doctrine sur le fondement du droit international. Après l'avoir exposée, il ajoutait ceci, qui permet de supposer que, s'il avait vécu, il n'aurait point hésité à approuver la violation de la neutralité belge et toutes les atteintes portées par l'Allemagne aux conventions de La Haye sur les lois de la guerre : « Si l'observation du droit international, a écrit le professeur d'Heidelberg, se trouve en conflit avec l'existence de l'État, la règle de droit se retire en arrière, parce que l'État est placé plus haut que toute règle de droit particulière, comme l'étude des rapports de droit public interne nous l'a déjà appris. Le droit international existe pour les États et non pas les États pour le droit international[1]. »

Ainsi, juristes français et juristes allemands étaient impuissants à concilier l'existence d'un droit international véritablement obligatoire pour les États avec le principe de la souveraineté étatique. Les hommes politiques et les diplomates ont-ils été plus heureux ? La plus remarquable tentative qu'ils aient faite est la Ligue des Nations, qu'ont voulu créer les négociateurs du traité de Versailles. Il n'est pas possible de la passer sous silence. Son étude formera l'objet de notre prochain entretien.

1. *Allgemeine Staatslehre*, 2ᵉ édition, 1905, p. 345.

HUITIÈME LEÇON

La Ligue des Nations.

Mesdames, Messieurs,

Dans notre dernière réunion, j'ai posé le problème que soulève la souveraineté nationale dans les rapports internationaux. Nous avons vu que, malgré tous leurs efforts, les jurisconsultes les plus éminents de la France et de l'Allemagne ont été impuissants à établir le droit international sur un fondement vraiment solide, et cela, à cause de la persistance de cette notion exclusive et envahissante de souveraineté.

Si les plus savants juristes n'ont pas trouvé le moyen de concilier l'existence d'un droit international véritablement obligatoire pour les États, avec le principe de la souveraineté étatique, en se plaçant comme ils le font naturellement dans le domaine de la théorie pure, doit-on s'étonner que les hommes politiques et les diplomates, qui eux ne peuvent pas faire abstraction des faits et des contingences, n'aient point trouvé, ou du moins n'aient pas encore su réaliser le moyen d'imposer une règle véritablement obligatoire pour les États dans leurs rapports entre eux ?

I

Tout le monde sait que la première tentative sérieuse d'ordre général qui ait été faite pour établir un droit international conventionnel, obligatoire pour les nations malgré leur souveraineté, et pour essayer d'empêcher la guerre, n'est pas antérieure à la première conférence de La Haye, réunie en 1899, sur l'initiative de l'empereur de Russie, Nicolas II. L'œuvre fut alors à peine ébauchée, et la cause de l'insuccès fut incontestablement la revendication énergique par les grandes nations de leur puissance souveraine, qui, disaient-elles, leur donnait le droit d'apprécier librement les armements jugés nécessaires pour leur sécurité. Elles ajoutaient qu'elles ne pouvaient accepter de s'obliger à soumettre à une cour de justice internationale tous les conflits susceptibles de naître entre elles, même ceux intéressant leur honneur, leur indépendance et leur sécurité.

La tentative fut reprise par la seconde conférence de La Haye, en 1907. A cette date, on parut avoir abouti à un résultat effectif. Sans doute, les grandes puissances ne voulurent point prendre l'engagement de limiter leurs armements ni sur terre ni sur mer. Sans doute, on ne put point établir une règle rendant l'arbitrage obligatoire pour tous les conflits naissant entre nations. Mais on organisa la cour permanente d'arbitrage, à laquelle toutes les puissances étaient invitées à s'adresser avant d'entrer dans un conflit armé. D'autre part, puisqu'on ne pouvait pas établir une règle de droit conventionnel interdisant aux États souverains de recourir aux armes quand ils croiraient que leur honneur et leur sécurité seraient en jeu, on établit, d'une manière très minutieuse et très précise, les règles auxquelles les États signataires s'engageaient à se conformer dans la conduite de toute guerre, tant terrestre que navale. Comme on ne pouvait pas édifier une règle de droit interdisant la guerre, on faisait tout ce qu'on pouvait pour éviter qu'elle n'éclate, et si malgré tout elle éclatait, les belligérants devaient se conformer à certaines règles très étroites destinées à en limiter les horreurs et les cruautés.

L'œuvre de La Haye a été emportée comme un fétu de paille par la tourmente de 1914. J'ai encore présente à l'esprit la visite que je fis quelques jours avant que n'éclate la guerre au somptueux palais de la Paix, bâti à La Haye, avec les dons généreux d'un illustre Américain. Peut-être, me disais-je, n'est-ce pas une chimère? Peut-être les gouvernements, avant d'entreprendre une guerre, avant de déchaîner dans le monde la souffrance et la mort, viendront-ils ici demander le jugement de la haute cour internationale qui doit y siéger? Vaine espérance. Quinze jours à peine après ma visite, Guillaume II, sans provocation d'aucune sorte, lançait à travers la Belgique ses hordes contre la France.

L'Allemagne était restée sourde à toutes les suggestions. Elle avait refusé d'intervenir auprès de l'Autriche pour que celle-ci prolongeât la durée de l'ultimatum adressé à la Serbie. Elle n'avait pas voulu soumettre le conflit à la conférence des ambassadeurs réunie à Londres, comme le proposait sir Grey, ministre des Affaires étrangères de la Grande-Bretagne. Elle n'avait point voulu davantage entendre parler de la cour d'arbitrage de La Haye. Elle déchaînait sur la Belgique et la France les horreurs d'une guerre sans merci. Son empereur avait le cynisme d'écrire que c'était par humanité qu'il faisait une guerre aussi cruelle que possible pour qu'elle fût plus courte. Tous les principes de La Haye étaient violés par l'Allemagne ; et l'éloquent réquisitoire d'un grand professeur français, Louis Renault, a cloué au pilori de l'histoire les auteurs de ces abominations.

Devant la somme incalculable de douleurs, de destructions et de ruines que quatre ans et demi de guerre ont répandues dans le monde, l'idée est venue à tous les représentants des puissances alliées, quand la victoire du droit sur la barbarie savante a été complète, d'instaurer dans le traité de paix, qui allait être imposé à l'Allemagne, un système ayant pour objet de garantir les peuples contre le retour d'une pareille catastrophe, ou du moins d'en réduire le danger au minimum. C'est de là qu'est sortie la Ligue des Nations, qu'ont tenté de constituer les rédacteurs du traité de Versailles ; et, quoi qu'on en dise, c'était une grande et noble entreprise.

Je ne veux à aucun prix, et je tiens essentiellement à n'en avoir même pas l'apparence, prendre position dans la lutte des partis politiques aux États-Unis. Je crois cependant devoir dire qu'à mon avis, et très sincèrement, ce sera pour le président Wilson un éternel honneur devant l'histoire d'avoir exigé que fût placé, au frontispice du traité de Versailles, un pacte qui associait toutes les nations civilisées dans une commune collaboration pour empêcher, dans la mesure du possible, le retour d'une catastrophe qui, pendant plus de quatre années, avait ensanglanté l'univers.

La guerre a été gagnée ; mais il fallait empêcher qu'une puissance quelconque, l'Allemagne ou une autre, déchaînât à nouveau dans le monde une pareille calamité, qu'elle vînt encore empêcher les hommes de vivre et de travailler librement et tranquillement sur leur territoire national. Telle a été la pensée qui a inspiré la création de la Ligue des Nations. Malgré les sarcasmes dont elle a été l'objet en Amérique, je déclare hautement qu'il ne s'est jamais rencontré, dans un traité de paix, une idée plus grande, plus généreuse, plus humaine.

II

Le but et le caractère de la Ligue des Nations sont au reste très nettement déterminés dans le préambule du covenant qui précède le traité de Versailles, et dont voici les passages essentiels : « Les hautes parties contractantes, considérant que, pour développer la coopération entre les nations et pour leur garantir la paix et la sûreté, il importe d'accepter certaines obligations de ne pas recourir à la guerre ;... de faire régner la justice et de respecter scrupuleusement toutes les obligations des traités dans les rapports mutuels des peuples organisés ; adoptent le présent pacte qui institue la Société des Nations. »

Ce préambule indiquait non seulement le but de la Ligue des Nations, mais encore le caractère qu'elle devait avoir. On pouvait concevoir la création de ce que mon savant collègue et ami M. Larnaude, doyen de la Faculté de Droit de Paris, dans ses belles conférences sur la Ligue des Nations, appelle un super-État, c'est-à-dire un État qui serait placé au-dessus des États adhérents, lesquels lui devraient l'obéissance, un État qui serait investi d'une force armée destinée à faire entrer dans l'ordre les États récalcitrants.

Une Ligue des Nations ainsi comprise n'avait aucune chance d'être constituée. En effet, ç'eût été la négation complète et directe de la souveraineté des États adhérents. Ils auraient perdu par là-même leur indépendance souveraine, puisqu'ils seraient devenus les sujets d'une puissance placée au-dessus d'eux. La conception de la souveraineté est encore trop vivante dans les rapports internationaux pour qu'aucun des participants au traité de Versailles pût accepter une Société des Nations ainsi comprise. Telle que l'a constituée le traité de 1919, la Société des Nations est tout simplement une entente, une union conventionnelle dont les participants conviennent de régler en commun, par leurs représentants, certaines questions et de prendre en commun les mesures propres à empêcher la guerre, ou du moins à la rendre aussi rare que possible, et en outre de prendre toutes les mesures d'ordre international propres à développer la richesse économique et la culture morale des États participants.

Quels sont les États qui font partie de cette association ? L'article 1er les indique d'une façon très précise, et ses dispositions sont en harmonie parfaite avec le but même qui a inspiré la constitution de la Ligue des Nations. Sont déclarés membres originaires de la Société des Nations tous les États signataires du covenant. D'autre part, on décide que peuvent devenir membres de la Société tout État, tout dominion et toute colonie se gouvernant librement, sous cette condition, « qu'il donne des garanties effectives de son intention sincère d'observer ses engagements internationaux et qu'il accepte le règlement établi par la Société en ce qui concerne ses forces et ses armements militaires, navals et aériens » (art. 1, §§ 1 et 2). Disposition capitale et que nous devons retenir.

Dans le même article, au paragraphe 3, on déclare que tout membre de la Société peut, après un préavis de deux ans, se retirer de la Société, mais à la condition d'avoir rempli à ce moment toutes ses obligations internationales, y compris celles établies par le covenant lui-même.

On crée pour assurer le fonctionnement de la Ligue des Nations deux organes : le Conseil et l'Assemblée (art. 2).

Le Conseil se compose des représentants des grandes puissances alliées et associées, c'est-à-dire l'Angleterre, les États-Unis, la France, l'Italie et le Japon, et de quatre autres membres désignés par l'Assemblée. Au Conseil, chaque État a un représentant et ne dispose que d'une voix (art. 4, §§ 1 et 6).

L'Assemblée de la Ligue comprend des représentants de tous les États membres, nommés par leur gouvernement. Chaque État membre de la Société ne peut compter plus de trois représentants dans l'Assemblée et ne dispose jamais que d'une voix (art. 3).

Quelle est la compétence respective de l'Assemblée et du Conseil ? Le covenant ne le dit pas nettement ; il se sert d'une formule très vague, la même d'ailleurs pour le Conseil et l'Assemblée. « Le Conseil, l'Assemblée, est-il dit, connaissent de toute question rentrant dans la sphère d'activité de la Société, ou affectant la paix du monde. » Avec cette formule, il n'est pas étonnant qu'il se soit élevé de nombreuses difficultés sur la compétence respective des deux organes. L'Assemblée et le Conseil se réunissent quand les circonstances l'exigent. Le Conseil doit se réunir au moins une fois par an, au siège de la Société qui est à Genève, ou dans tout autre lieu (art. 3, § 2 et art. 4, § 3).

III

La Ligue des Nations est une union, une association qui naturellement implique, comme toute association, un certain nombre d'obligations à la charge des associés. On ne conçoit pas d'association qui n'en ferait point naître. Si l'on veut instituer un système ayant pour objet de réduire au minimum le danger qu'une guerre éclate, un système qui favorise le développement des intérêts matériels et de la culture morale et intellectuelle des États participants, un système qui garantisse autant que possible la paix et la sécurité des peuples, il faut bien que ceux-ci assument certaines obligations. Il n'y a pas de milieu. Veut-on, oui ou non, prendre des mesures pour tenter d'empêcher le retour d'une catastrophe comme celle qui a éclaté sur le monde en 1914 ? Veut-on, oui ou non, éviter qu'une puissance de proie ne se jette à nouveau sur ses voisins pour détruire leurs richesses morales et matérielles et s'emparer de leur territoire ? Pour atteindre ce but, il n'y a pas d'autre moyen que celui-ci : il faut que les nations qui croient qu'il y a un droit et une règle morale, même pour les nations, acceptent certaines obligations. Ce sont ces obligations, très légères d'ailleurs, à mon sens même trop légères, qui ont été édictées par les articles 10, 12, 13, 15, 16 et 17 du traité de Versailles. Ce sont ces articles qu'on a beaucoup critiqués et souvent certainement sans les avoir lus. Arrêtons-nous sur eux quelques instants.

Et d'abord le fameux article 10 : « Les membres de la Société s'engagent à respecter et à maintenir contre toute agression extérieure l'intégrité territoriale et l'indépendance politique présente de tous les membres de la Société. En cas d'agression, de menace ou de danger d'agression, le Conseil avise aux moyens d'assurer l'exécution de cette obligation. » L'article 12, § 1 : « Tous les membres de la Société conviennent que, s'il s'élève entre eux un différend susceptible d'entraîner une rupture, ils le soumettront soit à la procédure de l'arbitrage, soit à l'examen du Conseil. Ils conviennent encore qu'en aucun cas ils ne doivent recourir à la guerre, avant l'expiration d'un délai de trois mois après la sentence des arbitres ou le rapport du Conseil. » L'article 13, § 1 : « Les membres de la Société conviennent que, s'il s'élève entre eux un différend susceptible à leur avis d'une solution arbitrale, et si ce différend ne peut se régler de façon satisfaisante par la voie diplomatique, la question sera soumise intégralement à l'arbitrage. » L'article 15, § 1 : « S'il s'élève entre les membres de la Société un différend susceptible d'entraîner une rupture, et si ce différend n'est pas soumis à l'arbitrage prévu à l'article 13, les membres de la Société conviennent de le porter devant le Conseil. » L'article 16, § 1 : « Si un membre de la Société recourt à la guerre contrairement aux engagements pris aux articles 12, 13 ou 15, il est *ipso facto* considéré comme ayant commis un acte de guerre contre tous les autres membres de la Société. Ceux-ci s'engagent à rompre immédiatement avec lui toutes relations commerciales ou financières, à interdire tous rapports entre leurs nationaux et ceux de l'État en rupture de pacte... » Et enfin l'article 17, § 1 : « En cas de différend entre deux États dont un seulement est membre de la Société, ou dont aucun n'en fait partie, l'État ou les États étrangers à la Société sont invités à se soumettre aux obligations qui s'imposent à ses membres aux fins de règlement du différend, aux conditions estimées justes par le Conseil... »

Telles sont les seules obligations imposées aux États adhérents à la Ligue des Nations. On ne peut contester qu'elles sont réduites au minimum. A mon sens, si l'on peut leur adresser une critique, c'est qu'elles étaient trop réduites, si réduites qu'on peut très justement se demander si elles sont de nature à permettre à la Société des Nations d'atteindre le but de haute moralité internationale en vue duquel elle a été constituée, si l'on peut trouver véritablement dans ces obligations les assises d'un droit international.

Et cependant, bien qu'il réduise ainsi au minimum les obligations des États adhérents, le pacte de Versailles est venu se heurter au principe toujours invoqué de la souveraineté étatique. Le sénat américain a solennellement déclaré qu'il ne pouvait pas ratifier de semblables dispositions parce qu'elles portaient directement atteinte à la souveraineté de l'Union, que notamment et surtout l'article 10 était attentatoire à la souveraineté des États d'une manière générale, et que particulièrement il était en contradiction absolue avec la constitution américaine, que, si l'Amérique acceptait cet article, elle pouvait être entraînée dans une guerre sans l'assentiment du congrès.

Je ne veux pas discuter ce point, et j'accepte telles

quelles les raisons invoquées par le Sénat américain pour refuser de ratifier le traité de Versailles, particulièrement le pacte de la Société des Nations. Je me borne à faire deux observations.

D'abord, l'attitude de l'Amérique montre à l'évidence la vérité de l'idée que je défends, à savoir que, tant que l'on maintiendra intacte la notion de souveraineté, on se trouvera dans l'impossibilité de fonder le droit international et d'édifier un système juridique propre à empêcher la guerre. Et cependant il faut qu'il y ait un droit international ; il faut faire tout ce qui est humainement possible pour éviter que de nouvelles guerres n'éclatent. Nous avons vu que les théoriciens étaient impuissants à donner un fondement solide au droit international ; les hommes politiques et les diplomates le sont aussi, parce que leurs efforts viennent encore et toujours se briser à l'obstacle né de cette idée persistante et encombrante de souveraineté.

La seconde observation que je veux faire est du même ordre. L'objection qui a été formulée au sénat américain contre la Société des Nations et particulièrement contre l'article 10 du pacte peut être faite contre tout accord international, de quelque ordre, de quelque nature qu'il soit. Il n'y a pas, il ne peut pas y avoir d'accord international qui ne vienne limiter plus ou moins la souveraineté des États participants. Je citerai, par exemple, un accord aux obligations duquel, à l'heure actuelle, aucun État ne songe à se soustraire, l'union postale universelle, qui fixe le tarif

du transport international des lettres, et qui impose à
chacun des États signataires toute une série d'obligations. Il est d'évidence qu'un pareil accord vient limiter la souveraineté des États contractants, puisque
chacun est obligé d'expédier, de recevoir et de
distribuer les correspondances dans des conditions
qui ont été déterminées par la convention, c'est-à-dire
autrement que par sa propre volonté et dans des conditions qui ne peuvent pas être modifiées par un acte
unilatéral de sa volonté.

Il faut le dire très nettement. Si particulièrement
les articles 10 et 12 du pacte de Versailles créent des
obligations contraires à la souveraineté des États, si
pour cette raison un État qui veut garder intacte sa
souveraineté ne peut les accepter, il n'y a pas de
droit international, il ne peut pas y avoir de droit
international ; ou du moins, il ne peut y en avoir
qu'à la manière allemande, c'est-à-dire un droit
international qui ne lie les États que parce qu'ils le
veulent bien, et auquel ils peuvent se soustraire
quand bon leur semble, « parce que, comme l'écrit
Jellinek, le droit international est fait pour les
États, et non les États pour le droit international ».

IV

Malgré l'abstention des États-Unis, le Conseil de
la Société des Nations s'est déjà réuni plusieurs fois,
et l'Assemblée a tenu ses premières assises à Genève,
pendant le mois de novembre 1920. Elle s'est trouvée

en présence de questions capitales, d'ailleurs prévues expressément par le pacte de Versailles, la création d'une cour de justice internationale et la limitation des armements. L'article 14 du pacte porte en effet : « Le Conseil est chargé de préparer un projet de cour permanente de justice internationale et de le soumettre aux membres de la Société... » Et l'article 8, §§ 1 et 2 : « Les membres de la Société reconnaissent que le maintien de la paix exige la réduction des armements nationaux au minimum compatible avec la sécurité nationale et avec l'exécution des obligations internationales imposée par une action commune. Le Conseil, tenant compte de la situation géographique et des conditions spéciales de chaque État, prépare les plans de cette réduction, en vue d'un examen et de la décision des divers gouvernements. »

Qu'a fait l'Assemblée de Genève. Le 13 décembre 1920, après de longs débats, elle adoptait le plan d'établissement d'une cour permanente de justice internationale devant siéger à La Haye, et se composant de onze membres élus par la Ligue. Mais l'Assemblée de Genève décidait en même temps que cette cour n'aurait pas le caractère de juridiction obligatoire, c'est-à-dire que les États ayant un différend ne seraient pas obligés de le lui soumettre. C'est sur ce point que les discussions ont principalement porté. Les petites puissances demandaient que la cour de justice internationale eût le caractère de juridiction obligatoire. Les grandes puissances, la

France, l'Angleterre, l'Italie, le Japon s'y opposaient, et toujours pour la même raison, parce que le caractère de juridiction obligatoire serait une atteinte à la souveraineté étatique. Sur leur demande, l'Assemblée a repoussé le caractère obligatoire de la juridiction internationale, ce qui a provoqué l'éloquente protestation d'un délégué belge, M. Lafontaine : « Je voudrais, s'est-il écrié, avoir l'éloquence d'un Démosthène et d'un Mirabeau. Si vous ne m'écoutez pas, écoutez le cri de l'humanité ; écoutez les voix des mères et des veuves, dont les pleurs, pour tout ce qu'elles ont perdu, roulent sur nous comme les vagues de la mer. Écoutez l'humanité qui en a assez de vos intérêts vitaux et de votre souveraineté nationale et qui désire la paix. »

Quant à la réduction des armements, en réalité elle n'a pas fait un pas, et l'Assemblée s'est bornée à voter le 14 décembre, après de vives discussions, une motion par laquelle elle invite le Conseil de la Ligue à recommander aux nations participantes de décider que les prévisions de dépenses en vue des armements ne dépasseront pas, en 1922 et en 1923, le chiffre auquel elles seront fixées pour 1921. Même cette formule aussi atténuée que possible n'a point réuni l'unanimité. Sept puissances ont voté contre, à savoir : le Brésil, le Chili, la France, la Grèce, la Hollande, la Roumanie et l'Uruguay. Je dois dire que M. Léon Bourgeois, en déclarant que les délégués français ne voteraient pas la motion, n'a point invoqué le principe de la souveraineté, mais seulement la situation

faite à la France en Europe et dans le proche Orient.
« La France, a-t-il dit, a assumé une grande responsabilité pour assurer l'exécution du traité de Versailles. Elle a assumé une charge beaucoup plus
lourde que toute autre nation. Personne ne saurait
dire que les conditions existant actuellement en
Europe et dans le proche Orient soient telles que la
France puisse désarmer. »

V

Il y aurait encore bien des choses à dire sur la souveraineté internationale, le traité de Versailles et la
Ligue des Nations. Mais je m'arrête, parce que, si
j'allais plus loin, je serais forcément amené à parler
de questions purement politiques, et je ne veux pas
sortir du domaine propre au droit et à la sociologie.
Les conclusions de cette leçon et de la précédente
apparaissent d'ailleurs évidentes.

Dans les rapports internationaux, la conception de
la souveraineté des États est encore prépondérante,
et tant qu'elle conservera sa force, il sera impossible
de donner un fondement solide au droit international, de le rendre vraiment obligatoire pour les États
et d'instaurer un système propre à empêcher la
guerre. La Ligue des Nations ne pourra certainement atteindre tout son objet que si l'on arrive, non
pas sans doute à détruire, je crains que pour bien
longtemps encore ce soit impossible, mais du moins à
faire passer au second plan cette conception absor

bante de souveraineté et à mettre au premier plan, non plus la notion de droit souverain, mais celle de devoir s'imposant aux gouvernants et aux peuples de ne pas troubler la paix et de respecter l'autonomie nationale et territoriale des autres nations.

Ne désespérons pas de l'avenir. Il a fallu de longs efforts pour fonder le droit public interne, pour limiter par des obligations vraiment juridiques et positives les pouvoirs de l'État à l'égard des individus. On est sur le point d'y être arrivé. Il viendra bien aussi, tôt ou tard, un moment où l'on saura fonder solidement un droit international public. Cela m'amène naturellement à parler de la souveraineté à l'intérieur. Ce sera l'objet des prochaines leçons.

NEUVIÈME LEÇON

La souveraineté nationale à l'intérieur.
La liberté de l'individu.

MESDAMES, MESSIEURS,

Quand la souveraineté de l'État s'exerce à l'intérieur, elle se rencontre avec la liberté de l'individu. Dans la première leçon que j'ai eu l'honneur de faire, je disais qu'à la fin du xviii° siècle, à peu près au même moment, en France et en Amérique, on avait proclamé à la fois le principe de la souveraineté nationale et le principe de la liberté individuelle. La Déclaration des droits de l'homme et du citoyen de 1789, en même temps qu'elle disait à l'article 3 : « Le principe de toute souveraineté réside essentiellement dans la nation », portait à l'article 1er : « Les hommes naissent et demeurent libres et égaux en droits. » On énumérait ces droits qui, aux termes de l'article 2, étaient la liberté, la propriété, la sûreté et la résistance à l'oppression. Un article, non plus de la Déclaration des droits, mais du préambule de la Constitution, disait : « Le pouvoir législatif ne pourra faire aucunes lois qui portent atteinte et mettent obstacle à l'exercice des droits naturels et civils consignés dans le présent titre et garantis par la Constitution. »

L'idée était donc celle-ci : oui, sans doute, la souveraineté nationale est la puissance de faire des lois, d'assurer l'exécution de ces lois, de juger les différends qui naissent de cette exécution ; toutefois cette puissance a une limite, dont le fondement et la mesure se trouvent dans les droits naturels de l'homme, auxquels elle ne peut porter atteinte. Mais c'était là une proposition bien générale et dont l'application demandait des précisions. D'autre part, il apparaissait certain que la vie sociale n'était possible que si des limitations étaient apportées au libre exercice des droits individuels, et alors on s'arrêta à cette formule : la souveraineté de l'État peut intervenir pour limiter les droits de chacun, mais seulement dans la mesure où cela est nécessaire pour protéger les droits de tous, et elle ne peut le faire que par la loi, c'est-à-dire au moyen d'une disposition générale, édictée par la nation elle-même ou ses représentants.

Cette formule n'était-elle pas elle aussi trop générale et insuffisante? D'une part, elle était une pure affirmation des droits naturels de l'individu, et ceux-ci pouvaient être contestés. Il fallait donc démontrer leur fondement et leur existence, déterminer aussi leur étendue et leur portée. D'autre part, cette formule arrivait sans doute à limiter négativement les pouvoirs de l'État. Mais ne fallait-il pas aller plus loin et ne fallait-il pas trouver un principe en vertu duquel on reconnût à l'État non seulement des obligations négatives, mais encore des obligations positives, en d'autres termes, un principe en vertu duquel on pourrait dire non seulement ce que l'État ne peut pas faire, mais aussi ce qu'il est obligé de faire ? Enfin il fallait trouver une organisation qui garantit autant que possible que l'État n'outrepasserait pas les limites qui lui étaient fixées et remplirait les obligations qui lui étaient imposées. En un mot, il fallait déterminer : 1° le fondement et le contenu de la liberté individuelle ; 2° les obligations positives et négatives de l'État ; 3° l'organisation de l'État au point de vue de la liberté.

C'est autour de ces trois points qu'ont évolué les idées relatives aux rapports de la souveraineté et de la liberté ; et c'est cette évolution que je voudrais étudier, au moins dans ses éléments essentiels, dans les cinq dernières leçons.

I

La doctrine dite individualiste qui pose le principe de la liberté individuelle, ou plus exactement, suivant l'expression dont je me suis déjà servi, le principe de l'autonomie de l'individu, est très ancienne. J'en ai rappelé précédemment les lointaines origines ; j'ai indiqué les principales étapes de son développement. Je n'y reviendrai pas. Ce qu'il y a de certain, c'est qu'à la fin du xviii° siècle, en France, en Angleterre, en Amérique, on regardait les principes individualistes comme des vérités absolues, comme les dogmes intangibles d'une religion révélée.

Tout le système peut se résumer en quelques mots très simples. Il enseigne qu'en vertu même de sa qualité d'homme, en vertu de l'éminente dignité de sa personne, l'homme naît investi du droit naturel, inaliénable et imprescriptible, d'exercer sans entrave son activité physique, intellectuelle et morale. Ce droit, que tout homme apporte avec lui en naissant, il le conserve en entrant dans la société politique, et il peut l'opposer à la fois aux autres individus et au pouvoir politique constitué dans cette société. Nul ne peut porter atteinte aux droits d'autrui. L'État, la puissance politique, ne peut pas non plus édicter des dispositions qui priveraient les hommes du libre exercice de leurs droits naturels. Le but de toute autorité politique est, au contraire, de protéger ces droits ; et toute autorité qui y porterait une atteinte quelconque serait oppressive et tyrannique. L'État a seulement le pouvoir d'apporter certaines limitations aux droits individuels, mais seulement dans la mesure où cela est nécessaire pour assurer la tranquillité et la sécurité de la vie sociale. Il doit, suivant la formule, dont je me suis déjà servi, limiter la liberté de chacun dans la mesure où cela est nécessaire pour assurer la liberté de tous ; il ne peut le faire que par la loi, c'est-à-dire par une disposition générale émanant soit du peuple, soit de ses représentants librement élus.

Cette liberté, au sens général du mot, ou plutôt cette autonomie de la personne humaine, c'est le droit, ai-je dit, d'exercer sans entrave son activité physique, intellectuelle et morale. La liberté physique, qu'on appelle quelquefois simplement la liberté individuelle, est ia liberté d'aller et de venir, de se livrer à tout travail matériel et dans les conditions qu'il plaît à chacun de choisir, et aussi de devenir propriétaire du produit de son travail. La liberté intellectuelle, c'est la liberté d'exprimer ses idées, dans quelque ordre de pensée que ce soit, de les exprimer par la parole ou par l'écrit, ce qui implique la liberté de réunion, la liberté de l'enseignement et la liberté de la presse. Enfin la liberté morale, c'est la liberté d'avoir et d'exprimer les croyances éthiques et religieuses que l'on croit vraies et d'exercer publiquement le culte qui s'y rattache.

Toute l'organisation politique doit tendre à assurer la protection de la liberté humaine ainsi comprise, et l'homme a le droit d'exiger que toutes les garanties soient prises par la constitution et les lois, afin que l'État ne porte aucune atteinte à cette liberté, et c'est là pour lui un droit que les Déclarations de l'époque révolutionnaire appellent la sûreté.

Enfin, si malgré tout, si malgré l'affirmation de ces principes, si malgré l'organisation politique établie conformément à ces principes, la puissance politique porte atteinte aux libertés individuelles, il y a ce qu'on appelle oppression ; et il est un dernier droit qui est la conséquence et comme la sanction de tous les autres, la résistance à l'oppression : le droit d'opposer une résistance passive à un acte que l'on considère comme attentatoire à la liberté ; le droit de recourir à la résistance défensive, c'est-à-dire d'opposer la force à l'intervention de la force publique tendant à exécuter un acte contraire au droit ; et enfin le droit de résistance agressive, c'est-à-dire le droit de renverser par la force un gouvernement oppresseur, le droit à l'insurrection.

La Déclaration des droits de 1789 avait formulé le principe en indiquant la résistance à l'oppression parmi les droits naturels énumérés à l'article 2. La Déclaration des droits de 1793 alla plus loin. On y trouve des formules qui ont été bien souvent citées et qu'il n'est pas inutile de reproduire ici. Aux articles 33, 34 et 35, on lit : « La résistance à l'oppression est la conséquence des autres droits de l'homme. Il y a oppression contre le corps social lorsqu'un seul de ses membres est opprimé. Il y a oppression contre chaque membre lorsque le corps social est opprimé. Quand le gouvernement viole les droits du peuple, l'insurrection est pour le peuple et pour chaque portion du peuple le plus sacré des droits et le plus indispensable des devoirs. »

II

Telle était la conception de la liberté à l'époque de la Révolution française, et tel était le système suivant lequel on avait tenté de concilier la souveraineté de l'État et l'autonomie de la personne humaine. En vérité, quand ces deux véritables souverainetés se trouvaient en présence, c'était la souveraineté nationale qui était limitée par l'autonomie de l'individu. Mais alors, direz-vous, elle cessait d'être la souveraineté, puisque le propre d'une souveraineté est de ne jamais être limitée que par elle-même et qu'ici la souveraineté politique se trouvait limitée par un élément étranger à elle-même, la liberté intangible de l'individu.

La contradiction était certaine. Beaucoup de théoriciens de l'individualisme se sont efforcés de l'expliquer, mais sans y parvenir, parce que forcément on arrivait, ou bien à faire disparaître la souveraineté de l'État au profit de la liberté individuelle, ou bien à sacrifier complètement la liberté de l'individu à la souveraineté de l'État, quels que fussent les sophismes employés pour maintenir intacte la souveraineté de l'État en paraissant maintenir aussi les droits de l'individu.

L'initiateur de ces sophismes est incontestablement J.-J. Rousseau que, par une erreur singulière, on cite souvent comme l'inspirateur des doctrines libérales de la Déclaration des droits promulguée en 1789, quand il est au contraire l'initiateur de toutes les doctrines de dictature et de tyrannie, depuis les doctrines jacobines de 1793 jusqu'aux doctrines bolchevistes de 1920. Sans doute, J.-J. Rousseau était un individualiste ; mais ç'a été la grande erreur de beaucoup des représentants de l'école individualiste de croire que cette doctrine entraînait forcément comme conséquence pratique des conclusions libérales, et qu'elle aboutissait ainsi à l'institution d'un gouvernement de liberté. Il suffit d'ouvrir le *Contrat social* pour voir comment J.-J. Rousseau sacrifie sans réserve les droits de l'individu à la toute-puissance de l'État.

Si l'on ne lisait que le chapitre iv du livre II du *Contrat social*, on pourrait croire que Rousseau admet que l'individu conserve dans la société une partie de ses droits naturels qui viennent limiter ainsi le pouvoir de l'État. Le chapitre en effet a pour titre : « Des bornes du pouvoir souverain » ; et on y lit : « On convient que tout ce que chacun aliène de sa liberté, c'est seulement la partie dont l'usage importe à la communauté. » Mais il ajoute immédiatement : « Il faut convenir aussi que le souverain seul est juge de cette importance. » Au chapitre vi du livre I, Rousseau dit encore : « L'union (résultant du contrat social) est aussi parfaite qu'elle peut l'être ; et nul associé n'a plus rien à réclamer ; car, s'il restait quelque droit au particulier, comme il n'y aurait aucun supérieur commun qui pût prononcer entre eux et le public, l'association deviendrait nécessairement tyrannique ou vaine. »

Ce n'est pas tout. Rousseau enseigne que cette souveraineté sans limite de l'État laisse cependant intacte l'autonomie de l'individu ; et par là il a ouvert la voie aux philosophes et aux juristes de l'Allemagne moderne, Kant, Hegel, Gierke, Jellinek, qui à sa suite viendront affirmer que l'individu, ne trouvant la plénitude de son être que dans l'État, celui-ci peut être tout-puissant sans que l'autonomie de l'individu soit amoindrie. Rousseau ne dit pas autre chose quand il affirme que, par le jeu du contrat social qui crée la volonté collective, les individus, en obéissant à cette volonté, n'obéissent qu'à eux-mêmes. Plus cette volonté collective est puissante, plus les individus eux-mêmes sont puissants, puisqu'elle n'est formée que des volontés individuelles. Affirmer la souveraineté sans limites de la volonté collective de l'État, c'est donc affirmer l'autonomie sans restriction de l'individu. L'autonomie individuelle se réalise dans la souveraineté étatique, et elle est en raison de cette souveraineté.

III

Une conception de la liberté individuelle, de l'autonomie individuelle, qui aboutissait à de pareilles conclusions ne pouvait incontestablement se maintenir telle quelle. Elle le pouvait d'autant moins que c'est au nom de la liberté ainsi comprise que tous les gouvernements despotiques ont tenté de justifier leurs actes arbitraires et tyranniques. D'autre part, la théorie individualiste de la liberté ne pouvait pas se maintenir, parce que, outre qu'elle aboutit pratiquement à des conséquences inadmissibles, théoriquement elle est indéfendable. Sur ce dernier point, je ne dirai qu'un mot ; mais, à mon avis, il a une haute importance.

Toutes les doctrines individualistes affirment que l'homme, au moment où il est venu au monde, est, en vertu même de sa qualité d'homme, titulaire de droits qu'il apporte dans la société, et que ces droits qu'il a naturellement avant d'entrer dans la société, ces droits innés, il peut les opposer au pouvoir politique et aux autres individus. Or, une pareille conception est contradictoire en soi. En effet, un droit ou n'est rien ou est un pouvoir de volonté ayant un certain objet, pouvoir qu'un homme peut opposer à un autre homme. Un droit suppose forcément trois éléments, un sujet actif du droit, un objet de ce droit et enfin un sujet passif, c'est-à-dire un homme auquel le titulaire du droit peut l'opposer. Un homme isolé, sans relations avec ses semblables, n'a pas, ne peut pas avoir de droits. Robinson dans son île n'a pas de droits. L'homme ne peut avoir de droits que lorsqu'il entre en relations avec d'autres hommes, c'est-à-dire lorsqu'il vit en société. Les droits de l'homme ne peuvent donc pas être antérieurs à la société ; mais au contraire ils naissent de la société. On ne peut pas prétendre que l'homme en entrant dans la société apporte des droits qui s'imposent à elle. Au contraire, l'homme n'a de droits que lorsqu'il vit en société, parce qu'il vit en société, et c'est d'elle seule qu'il tire tous ses droits.

Ainsi, la doctrine individualiste et sa conception de la liberté individuelle s'effondrent. Son point de départ est contradictoire. Le fondement sur lequel on veut l'appuyer s'écroule.

Il y avait une autre raison aussi pour que la conception purement individualiste de la liberté ne pût

se maintenir : c'était le caractère exclusivement
métaphysique de la notion de droit. Ici encore, je ne
puis que passer très rapidement.

J'entends par notion métaphysique toute notion
impliquant une affirmation qui n'est pas vérifiée par
l'observation directe des sens. Toute tentative d'explication de l'univers implique une notion métaphysique.
Toute affirmation sur le caractère et la valeur en soi
de la personne humaine est une affirmation d'ordre
métaphysique. Toute doctrine, comme la doctrine
individualiste, qui affirme qu'en raison de sa qualité
d'homme, de son éminente dignité, l'être humain a
une volonté, qui par nature, et comme telle, s'impose
aux autres volontés, qui, à cause de sa valeur interne,
des qualités qui lui sont propres, peut limiter l'action
des autres individus et la puissance de l'autorité
politique, est évidemment une doctrine exclusivement
métaphysique. Or, comme j'ai eu l'occasion de le dire
déjà à plusieurs reprises, des doctrines de ce genre,
il en est comme des doctrines purement religieuses. On
peut y croire ardemment, et je respecte profondément
ces croyances ; mais on ne peut les enseigner comme
doctrines positives. Elles peuvent être l'objet d'un
acte de foi ; elles ne peuvent être celui d'une proposition
scientifique. Aussi, toute la doctrine individualiste
a-t-elle été vivement critiquée par l'école positiviste,
qui, qu'on le veuille ou non, a fait sentir son action
d'une manière profonde depuis un demi-siècle.

Dans ces conditions, la conception individualiste
de la liberté devait tendre à disparaître pour faire

place à ce que j'appelle la conception solidariste. Que sa disparition soit complète et que la substitution soit totalement achevée, je n'oserais pas l'affirmer. D'ailleurs, dans l'évolution du monde social, dans l'évolution des institutions et des idées, il n'y a point d'étapes à proprement parler. L'évolution est ininterrompue ; les idées et les institutions s'enchaînent et s'entremêlent toujours les unes et les autres ; et dans le domaine qui nous occupe maintenant, s'il n'est pas vrai de dire que la conception solidariste de la liberté a complètement remplacé la conception individualiste, il est cependant tout à fait exact d'affirmer que la conception solidariste est aujourd'hui au premier plan, et qu'elle tend de plus en plus à remplacer la conception individualiste. Dans notre prochaine réunion, nous essayerons de montrer sur quels points et comment elle s'en distingue nettement.

DIXIÈME LEÇON

La conception solidariste de la liberté.

Mesdames, Messieurs,

Mardi dernier, j'ai dit et j'ai tenté d'expliquer pourquoi la conception individualiste de la liberté ne pouvait pas se maintenir et devait disparaître, comment elle est progressivement remplacée par la conception solidariste. J'ai ajouté que, si la transformation n'est pas encore complète, cependant apparaît de plus en plus au premier plan la conception solidariste, dans les mœurs, dans le droit, dans les institutions.

I

En quoi consiste la conception solidariste de la liberté? Je la résume d'un mot en disant : dans cette conception, la liberté n'est plus un droit, elle est un devoir.

La doctrine individualiste partait de cette idée que l'homme naturel est un être individuel et isolé, et que c'est par un acte volontaire que les hommes forment des sociétés. La doctrine solidariste enseigne au contraire que la société est le fait primaire et irréductible, que l'homme est par nature un être social, qu'il ne peut vivre qu'en société et qu'il y a toujours vécu. Elle affirme, en conséquence, qu'on ne peut pas parler de l'homme naturel et isolé ayant des droits en sa seule qualité d'homme, des droits qu'il apporte dans la société, qu'on ne peut considérer l'homme que comme être social, que comme membre de la société. La doctrine solidariste ajoute que, du moment que l'homme fait partie de la société et de ce fait qu'il est un être social, naissent pour lui une série d'obligations, notamment celle de développer son activité physique, intellectuelle, morale, et de ne rien faire qui entrave le développement de l'activité des autres ; que par conséquent il n'est pas vrai de dire que l'homme a un droit à l'exercice de son activité, il faut dire qu'il a le devoir de l'exercer, qu'il a le devoir de ne pas entraver l'activité des autres, le devoir de la favoriser et de l'aider dans la mesure où il le peut.

Ainsi, dans la conception solidariste, l'idée de de liberté-droit disparaît pour faire place à l'idée de liberté-devoir, de liberté fonction sociale. Et aujourd'hui, incontestablement, cette conception nous apparaît dominante dans les idées, dans les mœurs, dans les lois positives.

Elle était déjà, il y a plus d'un demi-siècle, exprimée dans une belle page d'Auguste Comte, incontestablement un des plus puissants esprits du xixe siècle :

« Le mot droit, écrit Auguste Comte, doit être autant écarté du vrai langage politique que le mot cause du vrai langage philosophique. De ces deux notions théologico-métaphysiques, l'une, celle de droit, est désormais immorale et anarchique, comme l'autre, celle de cause, est irrationnelle et sophistique... Il ne peut exister de droits véritables qu'autant que les pouvoirs réguliers émaneront de volontés surnaturelles. Pour lutter contre ces autorités théocratiques, la métaphysique des cinq derniers siècles introduisit de prétendus droits humains qui ne comportaient qu'un office négatif. Quand on a tenté de leur donner une destination vraiment organique, ils ont bientôt manifesté leur nature antisociale en tendant toujours à consacrer l'individualité. Dans l'état positif qui n'admet pas de titre céleste, l'idée de droit disparaît irrévocablement ; chacun a des devoirs et envers tous ; mais personne n'a aucun droit proprement dit. En d'autres termes, nul ne possède plus d'autres droits que celui de toujours faire son devoir[1]. »

Voilà une formule qui exprime très exactement l'aboutissant auquel tend certainement, si elle n'y est pas encore parvenue, l'évolution de la conception de liberté. Mais cela, il est vrai, demande quelques explications.

II

Quel est le fondement et quelle est l'étendue de ces devoirs s'imposant à l'homme vivant en société ?

1. *Système de politique positive*, édition 1890, I, p. 361.

Ils reposent sur les conditions mêmes de la structure sociale et sur ce fait que, l'homme étant par nature un être social et ne pouvant vivre qu'en société, il est par là même obligé de se conformer dans sa conduite aux conditions dont la réalisation est indispensable pour le maintien et le développement de la vie sociale.

Il est vrai que cette conception rencontre des critiques et des résistances fondées sur le raisonnement suivant. On dit : la conception solidariste est insoutenable, parce qu'elle veut fonder les devoirs de l'homme vivant en société sur un simple fait, sur le fait social. Or, un fait ne peut pas servir de fondement à une obligation. De ce qu'un certain fait existe, on ne peut pas conclure que l'homme soit obligé de s'y conformer. Le devoir ne peut être fondé que sur un principe supérieur à l'homme, sur un idéal à poursuivre, un but supérieur à atteindre. Il ne peut y avoir de devoir que là où s'impose à l'homme une règle de conduite, fondée sur l'idée d'un bien à réaliser, d'un mal à éviter. Une norme de conduite ne peut reposer sur un simple fait, puisqu'elle doit précisément déterminer la conduite que l'homme doit tenir en présence de tels ou tels faits, et souvent pour lutter contre eux et tâcher de les faire disparaître.

Ainsi se résument toutes les objections qui ont été dirigées et le sont encore contre les conceptions solidaristes. On y a répondu, et à mon sens, à juste titre, que la critique serait exacte si, en parlant du devoir fondé sur l'interdépendance sociale elle-même, la doctrine solidariste entendait parler d'un devoir moral proprement dit, si elle voulait fonder sur les conditions mêmes de la vie sociale une norme éthique au sens vrai du mot, c'est-à-dire une norme imposant un devoir affectant l'essence même de la vie humaine et lui imposant l'obligation d'agir dans tel ou tel sens, parce que cette action est conforme à l'idée qu'on se forme du bien.

Mais, en parlant ici de devoir, en parlant de règle de conduite, les partisans de la conception solidariste ne les considèrent pas en ce sens. En disant que l'homme doit faire telles choses, ou éviter telles autres, ils ne disent pas que c'est parce que les premières sont bonnes en soi et les autres mauvaises en soi. Ils ne prétendent pas que ces devoirs, qui naissent de la vie sociale et qui s'imposent à l'homme, viennent affecter l'essence même de sa volonté et le subordonner à ceux envers lesquels il doit agir dans tel ou tel sens. Ils disent simplement qu'une certaine conduite s'impose à l'homme parce que, s'il n'agissait pas de cette manière, la vie sociale serait atteinte dans son principe même, la société se désagrégerait et l'individu lui-même disparaîtrait.

La doctrine solidariste considère que les individus sont comme les cellules composantes d'un corps vivant, lequel ne peut pas vivre sans l'activité des cellules qui le composent, celles-ci ne pouvant non plus vivre isolées. De cette interdépendance naît la loi naturelle qui leur impose de travailler chacune, dans sa sphère d'activité, pour assurer l'activité vitale du corps qu'elles composent. Il en est exactement de même pour les individus, membres du corps social. Celui-ci ne peut vivre que par leur constante collaboration, et eux-mêmes ne peuvent vivre que par la vie du corps social. Si celui-ci se désagrégeait, ils disparaîtraient. Ils doivent donc collaborer à la vie sociale exactement comme les cellules collaborent à la vie de l'être vivant qu'elles composent. La seule différence, et je reconnais qu'elle est capitale, c'est que probablement les cellules composantes d'un corps vivant n'ont pas conscience de la loi naturelle qui s'impose à elles, tandis qu'au contraire les individus composant une collectivité humaine ont conscience de la loi d'interdépendance, conscience claire et raisonnée chez quelques-uns, conscience obscure et incertaine chez d'autres, peut-être même chez la majorité des hommes, mais conscience existant néammoins. Voilà pourquoi cette loi naturelle de la collaboration sociale, nous l'appelons norme de conduite et non pas loi naturelle; voilà pourquoi nous parlons de devoir. Mais ce n'est pas plus un devoir au sens éthique du mot que ne l'est l'obligation pour les cellules composantes d'un corps vivant de concourir à la vie du corps dont elles font partie.

III

Et maintenant, quel est le contenu du devoir s'imposant aux hommes vivant en société ? Pour le déterminer en détail, il faudrait analyser à fond ce qui constitue exactement la vie sociale, la nature du lien qui réunit les hommes vivant en société et les rapports naissant entre eux de la vie sociale. Cette étude a été faite de main de maître par un éminent sociologue enlevé prématurément à la science française, Emile Durkheim, dans son beau livre *la Division du travail social*, qui date déjà de vingt-cinq ans et dont j'accepte, avec quelques réserves cependant, les principales conclusions.

A la suite de Durkheim, on a donné au lien qui réunit entre eux les hommes vivant dans une société déterminée le nom de solidarité sociale. Comme dans des milieux divers on a fait parfois un grand abus de ce mot solidarité, qu'on a employé à tort et à travers, on dit quelquefois, et moi-même j'ai employé souvent cette expression, interdépendance sociale. Mais je conserve ici le mot solidarité, parce que c'est le mot à la fois le plus exact et le plus commode; et à tout prendre l'abus qu'on en a fait prouve à quel point la conception solidariste a pénétré dans les consciences modernes. La solidarité qui existe entre les hommes d'un même groupe est double ; Durkheim l'a mis remarquablement en relief. Il a démontré, d'une manière définitive, que les hommes sont unis entre eux, d'abord par les liens d'une solidarité qu'il appelle solidarité mécanique ou par similitudes et, en outre, par les liens d'une solidarité dite solidarité organique ou par division du travail.

La solidarité par similitudes résulte de ce fait que

les hommes, vivant en société, sont à beaucoup
d'égards semblables les uns aux autres, ont les
mêmes facultés, les mêmes tendances, les mêmes
besoins, les mêmes sentiments, les mêmes aspirations,
et que ces tendances, ces besoins, ces aspirations, ces
sentiments, ils ne peuvent les réaliser que par la vie
commune, en restant étroitement unis les uns aux
autres dans la société qu'ils composent. Aucun
membre de la collectivité sociale ne peut donc faire
un acte quelconque qui soit contraire à la solidarité
par similitudes, c'est-à-dire qui porte atteinte d'une
manière ou d'une autre à la possibilité, qui doit
appartenir à tous, d'obtenir satisfaction des besoins,
des aspirations, des tendances, qui sont communs à
tous.

La solidarité organique ou par division du travail
unit les individus, membres d'une même société. Elle
apparaît surtout comme l'élément essentiel de l'interdépendance sociale dans les sociétés parvenues à un
haut degré de civilisation. On peut dire même que la
solidarité par division du travail est en raison directe
du degré de civilisation auquel est parvenue une
société. Je ne connais pas en effet d'autre critérium
de la civilisation que, pour une société donnée, la
multiplicité des besoins de tous ordres, physiques,
intellectuels et moraux, et la multiplicité des moyens
propres à y donner satisfaction. Mais le problème de
la civilisation est trop grave et trop complexe pour
que je puisse le traiter en passant. Revenons à la
solidarité par division du travail.

Elle repose sur deux faits : 1° sur le fait que les hommes ont des besoins d'ordres différents et d'autant plus nombreux que la société est plus civilisée, et 2° sur le fait que les hommes ont des aptitudes différentes. Cela posé, on comprend aisément que ces besoins d'ordres différents ne peuvent recevoir leur réalisation qu'à la condition que les hommes échangent des services, ce qui est rendu possible par la variété des aptitudes de chacun. Toute société peut être comparée à un vaste atelier coopératif, où chacun a une certaine besogne à remplir pour que puissent être fabriqués les produits pouvant assurer la réalisation des besoins différents de chaque participant. A chaque individu s'impose le devoir social, du fait même qu'il fait partie de cette véritable société coopérative, de développer son activité individuelle suivant ses capacités propres, pour assurer le mieux possible, en ce qui le concerne, par l'échange des services, la réalisation des besoins de chacun.

Ainsi tous les hommes, membres d'un groupe social, par cela même qu'ils font partie de ce groupe, étant donnés les éléments qui le constituent et dont le maintien est indispensable pour assurer la vie sociale, tous, dis-je, ont un double devoir à remplir : un devoir négatif, ne rien faire qui puisse empêcher les membres du groupe de développer leur activité physique, intellectuelle et morale et d'obtenir la réalisation des besoins communs à tous ; et un devoir positif, faire tout ce qui est en leur pouvoir, étant données leurs aptitudes propres, pour assurer la réalisation et le développement de la double solidarité mécanique et organique, et par conséquent l'obligation de développer leur activité dans tous les domaines où elle est de nature à pouvoir s'exercer le plus efficacement et le plus utilement, suivant leur aptitude personnelle et leur situation spéciale dans la société.

I V

Par là, vous comprenez comment j'avais raison de dire que, dans la conception solidariste, la liberté n'est plus un droit, mais un devoir. Elle est sans doute, d'abord, un devoir négatif, celui de ne pas entraver l'activité d'autrui. Mais elle est encore et surtout un devoir positif, le devoir d'agir, le devoir pour l'individu de développer son activité avec la plus grande énergie possible, parce que l'exercice de l'activité de chacun dans la sphère qui lui est dévolue est pour lui un devoir rigoureux, fondamental, précisément parce qu'il y a, dans l'accomplissement de ce devoir, la condition indispensable pour que la société puisse vivre, et qu'en même temps la vie de la société est indispensable pour que la vie de l'individu puisse elle-même se maintenir et se développer.

Il y a, selon moi, dans cette conception de la solidarité par division du travail, un principe fécond, puissant, de vie morale et de vie sociale. Et si tous les hommes en étaient profondément convaincus et s'en inspiraient dans leurs actes, tous les grands problèmes sociaux seraient résolus par là même. Que chacun fasse énergiquement et courageusement la tâche qui lui incombe dans le milieu et les conditions où la nature l'a placé, et la vie générale sera d'autant plus active, d'autant plus féconde et peut-être d'autant plus heureuse.

Cette idée a été exprimée par un grand poète français, Alfred de Vigny, dans des vers admirables que je ne puis résister au plaisir de citer à la fin de cette leçon. Les voici :

« Gémir, prier, pleurer sont également lâches.
« Fais énergiquement ta longue et lourde tâche,
« Dans la voie où le sort a voulu t'appeler,
« Puis après, comme moi, souffre et meurs sans parler. »

Dans notre prochaine réunion, nous étudierons les principales conséquences qui résultent pour les individus et pour les gouvernants de la conception solidariste de la liberté.

ONZIÈME LEÇON

Les principales conséquences de la conception solidariste de la liberté.

Mesdames, Messieurs,

Dans notre réunion de mardi dernier, j'ai essayé
de montrer comment la conception solidariste de la
liberté s'oppose à la conception individualiste, comment l'homme a des devoirs avant d'avoir des droits,
le devoir de développer son activité physique, intellectuelle et morale, pour assurer par là même le développement de la solidarité par division du travail et
intensifier ainsi la vie sociale, la solidarité par division sociale en étant le facteur essentiel, et l'homme,
par nature être social, devant y collaborer de toutes
ses forces.

I

La liberté étant ainsi conçue du point de vue
solidariste comme un devoir, à beaucoup d'égards,
ce n'est pas douteux, on aboutit aux mêmes conséquences qu'avec la conception individualiste de la

liberté-droit. Mais ces conséquences sont en réalité purement négatives ; ce qui faisait dire à Auguste Comte, dans le passage cité précédemment, que ces prétendus droits « ne comportaient qu'un office négatif ». C'est ainsi que dans les deux conceptions on dit : l'État ne peut pas entraver le développement de l'activité physique, intellectuelle et morale de l'individu ; il peut cependant limiter l'activité de chacun, mais seulement dans la mesure où cela est nécessaire pour protéger la liberté de tous.

Du point de vue positif, au contraire, les conséquences des deux conceptions apparaissent absolument différentes ; et vous constaterez vous-même que ces conséquences différentes se sont, dans la plupart des pays, traduites dans la législation positive.

D'après la conception individualiste, chacun a le droit d'agir, de travailler, d'employer son activité dans tous les domaines ; mais personne n'y est obligé. Par conséquent, s'il plaît à un individu de rester inactif, de n'accomplir aucun travail, personne n'a le droit de se plaindre ; personne, pas même l'État, n'a le droit de le contraindre à travailler. On est allé même jusqu'à formuler le principe du droit à l'oisiveté.

Voilà une conséquence contre laquelle proteste énergiquement la conscience moderne. Il n'est pas permis à un être humain, en âge de travailler, de rester inactif. En restant oisif, il manque au premier devoir que lui impose sa qualité d'homme social. S'il ne travaille pas, s'il ne produit pas, il est un être inutile que la société tôt ou tard rejettera. Heureux s'il n'est pas un de ces vibrions dont parlait Alexandre Dumas fils, qui rongent les organismes sociaux, achèvent ceux qui sont déjà malades, mais que les organismes sains savent éliminer. Chacun doit travailler suivant ses forces et ses aptitudes, et l'État peut intervenir pour contraindre les récalcitrants directement ou indirectement par des moyens appropriés, et particulièrement en frappant d'impôts très lourds, même d'impôts de confiscation, ceux qui ne travaillent pas sous prétexte qu'ils sont assez riches. Vous direz : c'est la doctrine bolcheviste du travail forcé. Point du tout : le bolchevisme supprime l'appropriation individuelle du capital, et je la maintiens. L'expérience bolcheviste semble bien prouver qu'elle est la condition indispensable d'un travail fécond et productif; et, d'autre part, j'estime que celui qui fait valoir un capital travaille, le produit du capital étant pour lui la rémunération de son travail. Mais je touche là un immense problème économique sur lequel il ne convient pas d'insister davantage.

J'estime que cette obligation du travail s'impose non seulement aux individus, mais aussi aux classes sociales. Toute classe sociale qui ne rend plus de services est condamnée à disparaître. La disparition en France de la classe noble, au moment de la Révolution, vient illustrer cette proposition d'une manière éclatante. « Tout arbre qui ne produit pas de fruits sera coupé et jeté au feu », a dit l'Évangile ; c'est une grande vérité morale et sociale.

Dans le même ordre d'idées, l'homme, propriétaire d'un capital, ne peut pas le laisser improductif. La propriété est le produit du travail, et, je le veux bien, une conséquence de la liberté du travail. La propriété capitaliste est le produit d'un travail passé ; le détenteur d'un capital ne peut pas le laisser improductif, parce qu'il ne le détient que pour le faire produire dans l'intérêt de la société. La propriété capitaliste n'est pas un droit, elle est une fonction. Tout individu doit agir suivant sa situation dans la société et ses possibilités physiques et morales. Par conséquent, le propriétaire d'un capital doit le faire valoir et le rendre productif. Il sera associé au profit de l'entreprise ; mais il ne peut pas s'abstenir de placer son capital dans une entreprise, si ce capital est représenté par des espèces. Il doit le faire valoir, si c'est un immeuble rural ; le consacrer à l'habitation ou à une exploitation industrielle, si c'est un immeuble urbain. L'État peut légitimement intervenir pour contraindre directement ou indirectement le propriétaire d'un capital à le faire produire. L'État peut réglementer cette production, ou se substituer au propriétaire pour l'organiser ; ou enfin frapper d'impôts très lourds, comme en Angleterre, le propriétaire d'un terrain urbain non bâti, propriétaire qui veut profiter de l'accroissement automatique de valeur se produisant dans les grandes villes.

II

Si l'homme est obligé de travailler, il ne peut pas, il ne doit pas accomplir un travail au-dessus de ses forces. L'homme ne peut pas abuser de la valeur travail d'un autre homme, parce qu'alors un élément essentiel de la vie sociale serait compromis, à savoir, la force productrice que constitue tout être humain. C'est là que résident le principe, la raison d'être, la légitimité de toutes les lois, qui, à l'époque moderne, sont venues organiser le travail dans tous les pays, qui ont fixé le repos hebdomadaire, établi la durée maximum de la journée de travail ou imposé un minimum de salaire. Incontestablement, dans chaque pays, le détail de ces dispositions peut être critiqué. Dans quelques-uns on est peut-être allé trop loin, par exemple en France, en imposant d'une manière uniforme à toutes les professions la journée de huit heures. Dans d'autres pays, peut-être au contraire n'est-on pas allé assez loin. Il est impossible d'entrer dans des développements à cet égard. Mais, à mon sens, en principe la légitimité de l'intervention de l'État dans la réglementation du travail ne saurait être contestée ; elle se rattache directement à la conception solidariste de la liberté.

C'est aussi une conséquence de la même conception que les hommes ne peuvent rien faire qui soit de nature à compromettre leur santé physique, leur intelligence, leur valeur morale. Par conséquent l'État peut légitimement, a même le devoir d'interdire l'usage des produits nocifs et, d'une manière générale, toutes les pratiques de nature à diminuer la force physique, intellectuelle et morale de l'individu. Le principe n'est pas douteux. La conception individualiste de la liberté le repousse ; il est au contraire la conséquence logique et nécessaire de la conception solidariste. Mais ici encore, il y a évidemment une question d'application et de mesure. Les dispositions inspirées de ce principe et édictées dans certains pays sont exagérées ou maladroites. Il en est ainsi, je le dis très nettement et très loyalement, du régime qui prohibe d'une manière absolue aux États-Unis la consommation de l'alcool, du vin et de la bière. Je comprends et j'approuve la prohibition de l'alcool ; mais je ne saurais approuver la prohibition du vin et de la bière, qui sont au premier chef des boissons hygiéniques. Le législateur américain n'a pas compris que le meilleur moyen de prévenir l'alcoolisme, c'est de permettre, de favoriser la consommation des boissons dites hygiéniques, comme le vin et la bière. L'expérience prouve que, dans les régions grandes productrices de vin comme le sud-ouest et le midi de la France, l'Espagne et l'Italie, l'alcoolisme est à peu près totalement inconnu. Mais, je le répète, les applications de détail qui ont été faites peuvent être critiquées ; le principe, le droit et le devoir de l'État d'interdire l'usage de tout ce qui peut être nocif à la santé physique et morale des individus ne peuvent être contestés. Ils se rattachent directement à la conception solidariste de la liberté.

C'est en vertu de cette conception que, dans tous les pays, on reconnaît aujourd'hui unanimement à l'État le droit d'exiger que chacun acquière un minimum d'instruction. Il n'est pas permis à un père de famille de laisser ses enfants dans l'ignorance. L'enfant est une valeur sociale, une valeur de premier ordre, peut-être la valeur sociale la plus élevée ; et il n'est pas admissible qu'il puisse rester sans instruction, car la valeur qu'il représente resterait alors inemployée et improductive. En France, tout au moins, les défenseurs intransigeants de la conception individualiste ont, jusqu'en 1881, combattu l'obligation de l'enseignement au nom de la liberté. C'est au contraire au nom de la liberté, mais de la liberté conçue comme un devoir, que les lois de tous les pays établissent aujourd'hui l'instruction obligatoire.

<h2 style="text-align:center">III</h2>

Si la conception solidariste de la liberté conduit à reconnaître à l'État des pouvoirs plus grands, puisqu'on lui reconnaît le droit de contraindre l'individu à travailler, à s'instruire, à faire valoir les capitaux qu'il détient comme propriétaire, puisque l'État peut régler les conditions du travail individuel, imposer l'abstention de tout ce qui est de nature à compromettre la santé physique et morale de l'individu, la conception solidariste conduit aussi à reconnaître à l'État des obligations d'ordre positif que la conception individualiste de la liberté était, comme je l'ai montré dans une réunion précédente, impuissante à fonder. Ce sont notamment les obligations de l'État que l'on exprime souvent sous une autre forme, en disant que les individus ont contre l'État le droit au travail, le droit à l'instruction, le droit à l'assistance.

Cette formule n'est pas bonne ; mais l'idée qu'elle exprime est juste. Puisque les individus ont, dans l'intérêt même de la société, le devoir de travailler, il faut que la force sociale, qui appartient à l'État, intervienne pour procurer du travail à chaque individu en état de travailler. Il n'est pas admissible que celui qui veut travailler et qui, en voulant travailler, ne fait que remplir le devoir qui lui incombe, ne puisse pas trouver du travail. Voilà pourquoi la question du chômage est si grave ; et chacun sait qu'à l'heure actuelle, dans tous les pays, sauf peut-être en France, elle se pose d'une manière assez aiguë. C'est pour tous les gouvernements une obligation stricte de lui donner une solution.

L'individu ayant le devoir de s'instruire, c'est une obligation pour l'État de donner à chacun la possibilité d'acquérir gratuitement un minimum d'instruction. Dans tous les pays modernes, l'instruction au premier degré, ce que nous appelons en France l'enseignement primaire, est gratuite ; et l'on peut dire que c'est aujourd'hui un principe général et absolu du droit public. C'est une conséquence qui se rattache directement à la transformation qui s'est accomplie dans la conception de la liberté.

Enfin, si un individu, par suite de l'âge ou de la maladie ou de ses infirmités, se trouve dans l'impossibilité de se procurer par son travail les moyens de subsistance, l'État doit intervenir pour les lui donner. Il doit intervenir d'ailleurs seulement dans la mesure où l'initiative individuelle ne suffit pas pour assurer l'assistance. Dans tous les pays, une législation très touffue, très complexe, a été établie concernant l'assistance publique, et j'ai la satisfaction de pouvoir dire qu'à cet égard la France n'est point en retard. De nombreuses œuvres d'assistance privée viennent s'ajouter aux établissements d'assistance publique. Nulle part plus qu'aux États-Unis l'initiative privée n'est intervenue pour réaliser une œuvre admirable de solidarité sociale, et dont j'emporterai un inoubliable souvenir.

IV

En même temps que la conception solidariste de la liberté entraînait une notion nouvelle des obligations de l'État, elle conduisait aussi à une notion nouvelle de la structure intime et de la nature même de l'État. Et cela est un point sur lequel il convient d'insister quelque peu.

La conception dont nous avons jusqu'ici suivi l'évolution et montré les principales applications considère l'État comme une personne collective,

distincte des gouvernants, qui ne font qu'exercer la
puissance dont il est titulaire. L'État est une personne
souveraine, et les gouvernants exercent en son nom la
puissance dont il est investi. Mais cette conception
devait nécessairement s'altérer profondément sous
l'action de la conception solidariste de la liberté.
C'était logique, et voici pourquoi.

S'il est vrai que tous les hommes, parce qu'ils vivent en société, sont soumis à des obligations qui
s'imposent à eux et qui varient en raison de la situation qu'ils ont dans la société, des ressources dont ils
disposent, des moyens d'action qu'ils peuvent mettre
en jeu, n'est-il pas vrai aussi que ces obligations
doivent s'imposer aux grands comme aux petits, aux
puissants comme aux faibles, aux gouvernants comme
aux gouvernés ? Les détenteurs de la puissance politique, ceux qui monopolisent dans une société
donnée la force de contrainte, ceux que nous appelons d'un mot les gouvernants, sont comme tous les
individus soumis à la norme naissant de la solidarité
sociale ; ils doivent accomplir les obligations qu'elle
impose. Ces obligations, — c'est le point essentiel à
marquer et à retenir, — varient en raison des moyens
d'action, des capacités de chacun.

Rappelez-vous la comparaison que j'ai déjà faite
d'une société humaine avec un vaste atelier où se pratique la division du travail, où les ouvriers ont des
besognes différentes à exécuter en raison de leurs
aptitudes différentes. Cette loi de la division du travail
social s'impose à tous, aux gouvernants comme aux

simples particuliers. Les détenteurs du pouvoir sont donc personnellement obligés par la norme sociale, fondée sur la solidarité, d'employer toute la force dont ils disposent, la puissance politique, la puissance de contrainte, à maintenir et à développer la solidarité sociale sous ses deux formes. Dès lors, on aperçoit comment une transformation de la notion de puissance publique correspond à la transformation de la notion de liberté.

La liberté était conçue comme un droit; l'autonomie individuelle, comme une sorte de souveraineté individuelle. Elles cessent d'être ainsi comprises, et on y voit de plus en plus un devoir, une sorte de fonction.

La puissance publique était, elle aussi, exclusivement comprise comme un droit, le plus compréhensif, le plus actif, le plus énergique. Ce caractère, s'il n'a pas complètement disparu, passe de plus en plus au second plan. C'est la notion de devoir qui se substitue de plus en plus à la notion de droit et qui prend la première place. Les gouvernements ont sans doute des droits, mais seulement parce qu'ils ont des devoirs et dans la limite où ils les remplissent. Ce qui apparaît surtout à la conscience moderne, ce sont les devoirs des gouvernants envers les gouvernés, et les détenteurs du pouvoir lui apparaissent ne pouvant commander que dans la mesure où l'ordre qu'il donne est destiné à leur permettre d'accomplir les devoirs qui leur incombent.

Cette activité, qui s'impose aux gouvernants, dont

l'exercice constitue pour eux l'accomplissement d'une obligation juridique et qui leur donne le pouvoir de commander quand ils restent dans ces limites, est le fondement de ce que, dans la langue de la science politique française, on appelle le *service public*. Je ne crois pas qu'il y ait en anglais de mot correspondant. Mais l'idée a déjà fortement pénétré la conscience américaine, et c'est celle qu'exprimait éloquemment le président Wilson quand il disait en s'adressant aux ouvriers américains, dans son message déjà cité du 1ᵉʳ septembre 1918 : « Tant que la grande guerre ne sera pas gagnée, les hommes ne pourront nulle part vivre sans crainte et respirer librement en accomplissant leur besogne quotidienne et se dire que les gouvernants sont leurs serviteurs et non pas leurs maîtres. » Le mot service public ne se trouve pas dans ce texte ; mais l'idée y est tout entière. Les gouvernants sont les serviteurs des gouvernés, c'est-à-dire qu'ils sont obligés de créer, d'organiser et d'assurer tous les services qui sont indispensables pour réaliser le système des besoins, c'est-à-dire le maintien et le développement de la solidarité sociale sous ses deux formes.

Cela se traduit par l'accroissement continuel de l'activité étatique dans tous les domaines et dans tous les pays, depuis cinquante ans. On dit parfois que c'est un mouvement socialiste ; c'est possible ; j'aime mieux dire que c'est un mouvement solidariste. Les uns s'en félicitent ; les autres le regrettent. Félicitations et regrets superflus, parce que c'est une évolution qui agit, semble-t-il, à la manière d'une force naturelle.

V

En France, dès à présent, a été constituée toute une théorie du service public, fondée sur l'idée capitale d'obligation s'imposant à l'État, ou plus exactement, aux gouvernants et à leurs agents. Obligation d'ordre juridique : les gouvernants sont juridiquement obligés d'organiser en services publics les activités dont l'accomplissement sans interruption est nécessaire pour la réalisation de la solidarité sociale. Les agents des gouvernants, qui participent d'une manière normale au fonctionnement du service, sont tenus de diverses obligations et particulièrement d'assurer ce fonctionnement sans-qu'il puisse se produire une interruption d'une durée quelconque.

Obligations des gouvernants, obligations des agents, protection qui, en retour de ces obligations, doit être garantie aux agents, annulation des actes faits en violation de la loi du service, responsabilité que peut entraîner, soit pour l'État, soit pour les agents, le fonctionnement même du service public, tels sont les principaux éléments de cette belle théorie du service public, qui assurément fait honneur à la jurisprudence et à la doctrine française.

Cette théorie, je ne veux point l'exposer, quelque intéressante qu'elle soit ; il me faudrait beaucoup trop de temps. Je veux seulement prendre, à titre d'exemple, quelques-uns des services publics et montrer d'un mot la transformation qui s'y est accomplie.

Les services publics qui ont les premiers apparu sont les services de guerre, de police, de justice. De tout temps on a demandé à l'État, à ceux qui détenaient la puissance, d'assurer la sécurité du groupe contre l'ennemi de l'extérieur, d'assurer la tranquillité à l'intérieur; et c'est à ce double besoin que sont venus répondre les services de guerre, de police et de justice. Mais pendant des siècles on a vu, avant tout, dans la guerre, la police et la justice, l'exercice d'une puissance souveraine, l'exercice d'un droit de commandement appartenant à l'État ou aux hommes agissant en son nom. C'est de nos jours seulement que, dans l'activité militaire, policière et juridictionnelle de l'État, le droit de puissance est passé au second plan et que l'idée d'obligations s'imposant à l'État est devenue prééminente. Pourquoi les gouvernants peuvent-ils légitimement contraindre au service militaire ? Pourquoi peuvent-ils légitimement prendre les mesures de police les plus rigoureuses ? Pourquoi peuvent-ils assurer par la force l'exécution des décisions juridictionnelles rendues par leurs agents? Est-ce parce qu'ils ont un droit supérieur de commandement, un pouvoir souverain ? On l'a cru longtemps. On n'y croit plus guère aujourd'hui, et on a raison. Si les gouvernants peuvent faire tout cela, c'est que la puissance qu'ils détiennent en fait leur impose le devoir d'employer cette puissance à assurer la défense du pays contre l'ennemi de l'extérieur, à faire régner, par la justice, l'ordre et la paix à l'intérieur.

Et croyez bien que ce n'est pas là une simple question de mots. En effet, cette conception du service public venant se substituer à la notion de souveraineté a amené la formation d'une autre conception extrêmement importante, celle de responsabilité publique.

Quand était prédominante la notion de souveraineté, on écartait complètement, et c'était logique, la responsabilité de l'État, la responsabilité des détenteurs ou plus exactement des représentants de la souveraineté. Celle-ci est, par définition, une volonté qui ne se détermine jamais que par elle-même, qui a des droits et point d'obligations, et qui par conséquent ne peut pas être responsable. On décidait unanimement que le préjudice occasionné à des particuliers par le mauvais fonctionnement d'un service de puissance publique ne pouvait jamais entraîner la responsabilité de l'État. Dès aujourd'hui, en France, cette idée est complètement et définitivement abandonnée. Le fonctionnement du service public est susceptible d'entraîner, d'une part, la responsabilité de l'État, ou, plus exactement, de la caisse collective, et, d'autre part, la responsabilité personnelle des agents préposés au service.

Il est vrai qu'ici apparaît une autre idée qui, elle aussi, se rattache à la notion de solidarité sociale. La voici : toute société est une grande coopérative où chacun profite de certains avantages qu'assure la division du travail social. Mais en retour, si quelques-uns subissent un préjudice particulier, si la coopérative a mal fonctionné ou si les circonstances sont telles que des pertes viennent atteindre quelques-uns à l'exclusion des autres, alors la collectivité tout entière doit intervenir pour réparer le préjudice subi par ceux-là. La caisse de l'État est en quelque sorte une caisse d'assurance mutuelle au profit des membres de la société.

Les tribunaux français, et particulièrement notre Conseil d'État, font une application constante et étendue de cette idée, que je ne puis d'ailleurs étudier ici. Mais je ne peux pas ne pas signaler l'application qui en a été faite en France par les deux grandes lois sur la réparation des dommages de guerre. La loi du 26 décembre 1914, article 12, porte : « Une loi spéciale déterminera les conditions dans lesquelles s'exercera le droit à la réparation des dommages matériels résultant des faits de guerre. » Et la loi du 17 avril 1919, article 1er : « La République proclame l'égalité et la solidarité de tous les Français devant les charges de la guerre. » Rien mieux que ces dispositions ne peut montrer la vérité de ce que je dis ici : l'idée de solidarité remplace la conception de souveraineté.

Je pourrais passer en revue tous les services publics ; partout on verrait apparaître la même transformation. Mais je dois m'arrêter.

Aussi bien y a-t-il encore beaucoup de choses à dire sur la conception solidariste de la liberté ; le temps ne me permet pas de les aborder. Il est cependant un élément contenu dans la liberté que je ne puis passer sous silence : c'est celui qu'on appelle en France la liberté d'association, ce qui nous amènera à parler du syndicalisme. Ce sera l'objet de la leçon de mardi prochain.

DOUZIÈME LEÇON

La liberté d'association et le syndicalisme.

Mesdames, Messieurs,

Quelle que soit la notion qu'on se forme de la liberté, qu'avec la doctrine individualiste on y voie le droit naturel et imprescriptible de l'homme d'exercer sans entrave son activité physique, intellectuelle et morale, qu'avec la doctrine solidariste on y voie le devoir pour l'homme vivant en société d'exercer son activité propre à l'effet d'accroître la solidarité sociale par division du travail et d'intensifier, par là même, la vie sociale, il paraît évident que la liberté au sens général comprend en elle la liberté d'association. Ce qui veut dire que l'État ne peut interdire aux individus de se rapprocher et de s'unir pour mettre en commun une certaine somme d'activité, afin de poursuivre en commun un but licite; que non seulement l'État ne peut interdire ce rapprochement et cette union, mais encore que, lorsqu'un pareil groupement fait un acte, l'État doit le protéger, comme il doit protéger toute appropriation de richesse en vue du but que poursuit l'association, sous la condition indispensable bien évidemment que ce but soit licite.

Tel est l'essentiel de ce que nous avons coutume d'appeler la liberté d'association.

Or, bien qu'elle paraisse une conséquence naturelle et logique de la liberté en général, dans beaucoup de pays la liberté d'association a rencontré, de la part du législateur, de vives résistances, même à une époque où depuis longtemps déjà on reconnaissait et on pratiquait les autres libertés. D'autre part, à l'heure actuelle, dans la plupart des pays d'Europe et d'Amérique, la reconnaissance de la liberté d'association a sinon créé, du moins activé le mouvement dit syndicaliste, qui correspond, je le crois, à une transformation réelle et profonde dans la structure des sociétés contemporaines et qui, en même temps, est entravé et faussé par des agitations révolutionnaires.

Quelle a été, dans ses grandes lignes, l'évolution de la liberté d'association aux XIXe et XXe siècles et qu'est-ce exactement que le mouvement syndicaliste ? Voilà ce que je voudrais étudier dans notre réunion d'aujourd'hui. Je me placerai spécialement au point de vue français, parce que, bien que le mouvement syndicaliste existe dans tous les pays, il me semble qu'il se manifeste en France dans des conditions particulièrement intéressantes. En second lieu, je ne puis parler avec quelque compétence que du mouvement syndicaliste en France.

I

Un fait frappe tout d'abord l'observateur. Bien que la Déclaration des droits française de 1789 et la Constitution de 1791 proclament le principe de la liberté individuelle avec ses diverses conséquences, liberté du travail, liberté de la presse, liberté de réunion, elles ne reconnaissent point la liberté d'association. Bien plus, il y avait dans l'ancienne France des corporations de métiers dites maîtrises et jurandes, corporations fermées, en ce sens qu'elles se recrutaient elles-mêmes et jouissaient d'un véritable monopole, puisque nul ne pouvait exercer tel métier ou telle profession s'il ne faisait pas partie de la corporation correspondante. Cette institution avait de très anciennes origines qu'il n'y a pas lieu d'étudier ici. Il est évident qu'elle était contraire au principe de la liberté du travail et qu'une constitution qui consacrait cette liberté ne pouvait pas laisser subsister une pareille institution. C'est pourquoi, très logiquement, il est dit dans le préambule de la Constitution de 1791 : « Il n'y a plus ni jurandes, ni corporations de professions d'arts et métiers. » En outre, une loi de 1791 déclare qu'il sera loisible à toute personne d'exercer toute industrie, de faire tout négoce qu'elle jugera bon. Mais cette liberté du travail n'impliquait pas, bien au contraire, que les individus ne pussent pas librement s'associer pour travailler en commun en vue d'un but commun et pour défendre en commun leurs intérêts professionnels, industriels et commerciaux.

C'est ce que ne comprirent pas les hommes de la Révolution. Par un faux raisonnement, ils furent amenés à penser que toute corporation de métier est attentatoire à l liberté individuelle et qu'elle est en même temps contraire au principe de la souveraineté nationale, qu'ils proclament solennellement. Ils ne se contentent pas de supprimer les anciennes corporations de métiers; ils prohibent, d'une manière expresse, la formation de toute association constituée librement et sans monopole par des personnes de même état ou profession. La célèbre loi des 14-17 juin 1701, connue sous le nom de loi Le Chapelier, porte dans son article 1er : « L'anéantissement de toutes les espèces de corporations de citoyens du même état et profession étant une des bases fondamentales de la constitution française, il est défendu de les rétablir en fait, sous quelque prétexte et quelque forme que ce soit. » Sans doute, cette loi ne vise que les corporations professionnelles ; mais en réalité elle est l'application de cette idée indiquée au début même de la loi, que toute association, quel qu'en soit le but, est contraire en elle-même, d'une part au principe de la souveraineté nationale, et d'autre part, au principe de la liberté individuelle.

L'idée d'ailleurs était déjà exprimée par J.-J. Rousseau, et l'influence de celui-ci n'était certainement pas étrangère à la décision de l'Assemblée. Le philosophe de Genève avait écrit dans le *Contrat social* :

« Il importe, pour avoir l'énoncé de la volonté générale, qu'il n'y ait pas de société particulière dans l'État et que chaque citoyen n'opine que par lui-même... » Comme J.-J. Rousseau, les hommes de la Révolution croient fermement que, pour que la souveraineté nationale puisse s'exprimer véritablement et exactement, il faut qu'il n'y ait dans la nation que des individus et pas de groupes d'individus, parce que la volonté générale ne peut se tirer que du calcul des opinions individuelles. D'autre part, il n'y a pas vraiment de liberté individuelle si l'homme est encadré dans des associations particulières. L'individu n'est libre que s'il est seulement membre de l'État et soumis directement à lui, parce que c'est par là seulement qu'il trouve la réalisation complète de son être moral.

II

Dominée par cette conception, la Révolution française plaçait la masse des individus isolés, séparés les uns des autres, incapables de s'associer pour poursuivre en commun la défense des intérêts communs, en face de l'État tout-puissant. Suivant une expression très juste, elle créait une poussière d'hommes. On peut dire qu'à des degrés divers, dans tous les pays, au commencement du XIXe siècle, existait une situation analogue. Mais aussi, dans tous les pays, et particulièrement en France, il y a eu, depuis les vingt premières années du XIXe siècle, une poussée formidable tendant à la formation d'associations de tous genres et particulièrement d'associations professionnelles, les *trades-unions* en Angleterre et aux États-Unis, les *syndicats professionnels* en France. Mouvement dont je vais essayer, dans un instant, de déterminer le véritable caractère. Je montrerai, en même temps, comment il a été faussé par la propagande révolutionnaire.

Le mouvement associationiste a été si fort qu'il a bien fallu que le législateur français reconnaisse et réglemente la liberté d'association. Aussi bien a-t-on fini par comprendre que, bien loin d'être contraire au principe de la liberté individuelle, elle en est la conséquence directe et indispensable. Sans doute, nul ne doit être contraint à faire partie d'une association ; mais, en même temps, nul ne doit être empêché de s'associer à d'autres et de développer son activité d'autant plus fortement qu'il l'associe à celle d'autres individus. L'individualité de l'homme devient d'autant plus active et compréhensive qu'il fait partie d'un plus grand nombre de groupes sociaux. Il est individu citoyen comme membre de la nation, individu travailleur, patron ou ouvrier, comme membre d'une corporation professionnelle ; artiste ou savant, comme membre d'une corporation artistique ou scientifique. Ainsi son activité s'accroît en raison du nombre des associations dont il est membre.

Le législateur français, après de longues hésitations, l'a enfin compris. La constitution de 1848, en son article 8, reconnaissait expressément aux citoyens le droit de s'associer. Mais ce n'est qu'en 1884 qu'est

portée la première loi réglementant la liberté d'association, et encore ne vise-t-elle que les associations
professionnelles.

La loi dite loi Waldeck-Rousseau du 21 mars 1884
reconnaît et réglemente les syndicats professionnels,
c'est-à-dire les associations de patrons, les associations d'ouvriers, les associations de patrons et ouvriers,
appartenant les uns et les autres aux mêmes professions et industries ou à des industries et professions
similaires, associations ayant pour but de défendre
les intérêts professionnels, les intérêts économiques,
industriels, commerciaux de la profession, les intérêts
patronaux et les intérêts ouvriers, dans les rapports
des employeurs et des employés. Cette loi permettait,
en même temps, la fédération des syndicats professionnels ; mais, à mon avis (c'était incontestablement
la pensée de la loi), uniquement la fédération de syndicats de mêmes professions ou de professions similaires, et non pas la fédération de syndicats de professions entièrement différentes. A la faveur de cette
loi, de nombreux syndicats se sont formés, des
unions, des fédérations de syndicats, et aussi la confédération générale du travail, sur laquelle je vais
revenir dans un instant.

La loi de 1884 ne visait que les associations professionnelles, syndicats patronaux, syndicats ouvriers,
syndicats mixtes. Ce n'était pas encore la liberté
générale d'association. Ce n'est qu'en 1901 que,
M. Waldeck-Rousseau étant président du Conseil,
fut enfin votée la loi du 1er juillet 1901, qui permettait

à toute association de se former librement sous la seule condition qu'elle eût un but licite. Cette loi sur la liberté générale d'association rendait évidemment désormais inutile la loi de 1884 sur les syndicats professionnels. Il était logique de l'abroger. Le législateur de 1901 a eu le tort de la maintenir expressément, et cela a été la cause de très graves difficultés dans le détail desquelles je ne puis entrer parce qu'elles sont trop spéciales à la France.

III

Quoi qu'il en soit, à la faveur de ces deux lois, loi de 1884 sur la liberté des syndicats professionnels, loi de 1901 sur la liberté d'association en général, le mouvement associationiste, qui était né spontanément, comme une réaction naturelle contre l'individualisme de la Révolution, et qui en quelque sorte forçait la main au législateur en lui imposant les deux lois de liberté précitées, prend chaque jour de nouveaux développements. Il a été un moment interrompu par la guerre ; aussitôt la guerre finie, il a reparu avec une force toujours nouvelle. La France est maintenant couverte d'associations de tous genres : associations charitables, associations artistiques, scientifiques, sportives, etc... Mais, à vrai dire, ce ne sont pas celles-là qui nous intéressent surtout. Celles qui, naturellement, appellent notre attention, ce sont les associations professionnelles,

les syndicats ouvriers et patronaux, et c'est le mouvement syndicaliste sur lequel je tiens à m'expliquer en pleine franchise et d'une manière aussi nette que possible.

Pour comprendre les choses, j'estime qu'il faut se rendre compte que, par ce même mot syndicalisme, sans que bien souvent on s'en aperçoive, on désigne deux choses tout à fait différentes. On désigne, en même temps, un fait social d'une réalité incontestable et d'une importance qu'on ne peut méconnaître, et aussi une doctrine qui prétend reposer sur les faits, mais qui les interprète mal, qui est au contraire en contradiction avec eux et qui, pour cela, par l'influence qu'elle exerce, fausse l'évolution normale, la ralentit ou l'entrave, et cela au détriment même de ceux qu'elle prétend servir et qui profiteraient le plus de l'avènement du nouvel ordre de choses devant résulter, dans un avenir prochain, d'une évolution s'accomplissant normalement.

Et d'abord qu'est-ce que le syndicalisme comme fait ? C'est, d'une manière générale, une évolution tendant à remplacer la masse des individus, formant comme une poussière d'hommes telle qu'elle a été faite par la Révolution, à la remplacer par un ensemble de classes sociales organisées, coordonnées entre elles, je dirais même hiérarchisées, à remplacer une masse amorphe d'individus par un ensemble présentant une structure définie. Pour me servir de la terminologie d'Herbert Spencer toujours vraie, c'est une évolution qui tend à faire passer la société, née de la Révolution, de l'état homogène indéfini à l'état hétérogène défini.

La Révolution pensait que, dans une société vraiment libre et vraiment nationale, il ne devait pas y avoir, il ne pouvait pas y avoir de classes sociales, mais seulement des individus libres et égaux. C'était une erreur. Il n'y a pas de société, il ne peut pas y avoir de société, où il n'y ait pas de classes sociales, parce qu'il n'y a pas de société, parce qu'il ne peut pas y avoir de société, où il n'y ait pas une division du travail. Il y a des classes sociales dans nos sociétés modernes ; mais quel en est exactement le caractère ? Évidemment, s'il y a des classes sociales dans nos sociétés modernes et particulièrement en France, ce ne sont pas des groupements d'individus fermés, soumis à des systèmes juridiques définis et différents. Dans presque tous les pays modernes, et en France plus que partout ailleurs, l'égalité civile et l'égalité politique ont été réalisées. La différenciation des classes n'étant pas juridiquement précisée, les limites qui les séparent sont nécessairement flottantes. Les déclassements sont très fréquents, et beaucoup d'individus sont en quelque sorte placés sur la ligne frontière, souvent indécise, qui sépare deux classes voisines.

Les éléments qui constituent les différentes classes sociales sont extrêmement nombreux et complexes ; mais l'un d'eux forme le caractère saillant et plus particulièrement représentatif. A mon sens, il apparaît si l'on rattache la différenciation des classes à la

structure même du groupement social et si l'on défi-
nit les classes dans nos sociétés modernes de la
manière suivante : des groupements d'individus
appartenant à une même société nationale, mais
entre lesquels existe une interdépendance particulièrement étroite, parce qu'ils accomplissent une
besogne de même ordre dans la division du travail
social. Il faut toujours revenir au fait dont j'ai parlé
déjà bien souvent, au fait de la solidarité sociale
organique ou par division du travail, à la comparaison que j'ai faite de toute société nationale à un vaste
atelier où se pratique la division du travail et où se
forment naturellement des liens étroits entre des
individus accomplissant les mêmes besognes. Cela
rappelé, on comprend que les individus qui remplissent la même tâche professionnelle dans l'atelier
social constituent naturellement des groupements
cohérents et forts. Ils ont en effet pour fondement
la similitude des intérêts et des aptitudes, l'identité
du travail accompli, manuel ou intellectuel, et en
même temps la similitude des manières de vivre, la
communauté des aspirations, des espérances, des
satisfactions et des souffrances.

Si les classes sociales sont réellement ce que je dis,
on comprend aisément que, quoi que puissent prétendre les meneurs du syndicalisme révolutionnaire,
les ouvriers de l'industrie privée et les fonctionnaires
publics n'appartiennent point à la même classe.
Sans doute, les uns et les autres sont des salariés, et
certains fonctionnaires exécutent un travail manuel.

Mais fonctionnaires et ouvriers ou employés de l'industrie privée n'accomplissent point le même ordre de besogne. Les premiers font un travail qui a un caractère tout particulier, par cela même qu'il est constitué en service public.

On comprend aussi comment les ouvriers accomplissant un travail manuel et technique et les employés proprement dits de l'industrie et du commerce privés, quoique salariés les uns et les autres, n'appartiennent pas à la même classe. Eux non plus n'exécutent pas des travaux de la même nature. On comprend encore comment les ouvriers et les directeurs d'une entreprise appartiennent à des classes différentes. Ceux qu'on appelle aujourd'hui les techniciens n'appartiennent pas à la même classe sociale que les ouvriers. Il est bien entendu que, dans ma pensée, je n'établis aucune supériorité d'une classe sur une autre. Toutes les classes se valent, parce qu'elles coopèrent toutes à la vie sociale. Je dis seulement : il y a des classes différentes parce qu'il y a des besognes différentes dans l'atelier social.

C'est pour la même raison que les paysans, petits propriétaires, qui sont si nombreux en France, les petits industriels, les petits commerçants, les ouvriers agricoles, les ouvriers des villes, appartiennent à autant de classes distinctes. Enfin il y a et il y aura probablement longtemps encore, dans tous les pays civilisés, n'en déplaise aux bolchevistes, une classe capitaliste, une classe exclusivement capitaliste. Elle est cependant, au moins en France, beaucoup moins nombreuse que le prétendent les syndicalistes révolutionnaires. En France, le nombre des capitalistes purs, je veux dire de ceux qui vivent exclusivement de l'intérêt de leur capital, est en réalité très restreint. D'autre part, on a souvent montré qu'avec la division infinie du capital, pour les fonds d'État et beaucoup de sociétés par actions, comme les grandes compagnies de chemins de fer, la fameuse concentration des capitaux, dont les collectivistes et les communistes nous remplissent les oreilles, n'a point en France le caractère et l'étendue qu'ils lui attribuent à tort. La classe capitaliste a d'ailleurs elle aussi son rôle à remplir. Elle a pour mission de réunir des capitaux et de les mettre à la disposition des entreprises. Je l'ai déjà dit, le propriétaire capitaliste est véritablement investi d'une fonction sociale déterminée. Son droit subjectif de propriété, je le nie; son devoir social, sa fonction sociale, je l'affirme ; et l'état épouvantable dans lequel, d'après tous les renseignements que nous avons de sources diverses et toutes concordantes, est tombée la Russie, est la meilleure preuve de l'utilité sociale pour longtemps encore de la classe capitaliste.

IV

Si tel est bien le vrai caractère des classes sociales, il est aisé de comprendre, en même temps, le vrai caractère du mouvement syndicaliste, et comment il concourt à une transformation profonde du régime politique. Contrairement à ce que prétendent les syndicalistes révolutionnaires, le mouvement syndicaliste n'est point, dans la réalité, la guerre entreprise par le prolétariat pour écraser la bourgeoisie, pour conquérir les instruments et la direction de la production. Ce n'est pas non plus la classe ouvrière prenant conscience d'elle-même pour concentrer en elle le pouvoir et la fortune et anéantir la classe bourgeoise. C'est un mouvement beaucoup plus large, beaucoup plus fécond, je dirai beaucoup plus humain.

Le syndicalisme n'est pas un moyen de guerre et de division sociale ; je crois qu'il est, au contraire, un moyen puissant de pacification et d'union. Il n'est pas une transformation de la seule classe ouvrière ; il s'étend à toutes les classes sociales et tend à les coordonner en un faisceau harmonique.

Le syndicalisme est un mouvement social qui tend à donner une structure juridique définie aux différentes classes professionnelles, c'est-à-dire aux différents groupes sociaux composés d'individus. déjà unis les uns aux autres par la communauté de besogne dans la division du travail social. On a pu constater historiquement que les luttes entre classes sociales ont été d'autant moins vives qu'elles étaient plus hétérogènes et plus juridiquement distinctes. Quand la différenciation des classes est nettement déterminée, il s'établit entre elles une coordination qui réduit au minimum les luttes sociales et protège en même temps fortement l'individu, encadré dans un groupe, contre les revendications des autres classes et contre l'arbitraire du pouvoir central.

En France, la coordination et la hiérarchie des classes ont disparu en même temps que la monarchie absolue. Dès avant 1789, les divers ordres de la nation n'avaient plus de réalité vraie. Ils subsistaient légalement, mais ils n'étaient qu'une survivance d'un passé mort. Ne rendant plus de services, ils étaient condamnés et devaient disparaître au premier souffle révolutionnaire. La monarchie est renversée; le principe de la souveraineté nationale et le principe de l'égalité sont proclamés. L'État, formidablement puissant, parce qu'il s'appuie sur le dogme de la souveraineté nationale, qui compte de nombreux croyants, règne sans contrepoids sur la masse des individus, déclarés tous égaux, mais isolés, impuissants, formant comme une poussière d'hommes.

Le syndicalisme, c'est l'organisation de cette masse amorphe d'individus; c'est la constitution dans la société de groupes forts et cohérents, à structure juridique nettement définie, et composés d'hommes déjà unis par la communauté de besogne sociale et d'intérêt professionnel. Qu'on ne dise pas que c'est l'absorption, l'anéantissement de l'individu par le groupe syndical. Evidemment le groupe syndical tend naturellement à réduire l'action isolée de l'individu, sinon à l'annihiler. Mais l'individu résiste, et il se produit forcément un équilibre entre le sentiment individualiste et le sentiment social, équilibre duquel résultera en même temps une action sociale et une action individuelle intensifiées; l'homme sera ainsi d'autant plus homme. Sa qualité d'homme s'affirme d'autant plus qu'il a une conscience plus claire et plus forte des groupes sociaux auxquels il appartient.

Ce sur quoi j'insiste particulièrement, c'est que, contrairement à ce que prétendent les meneurs du mouvement syndicaliste ouvrier, le syndicalisme n'est pas un mouvement de la seule classe ouvrière. Il s'étend à toutes les classes sociales; il tend à une réorganisation générale des sociétés modernes, réorganisation qui sera fondée sur une structure juridiquement définie des différentes classes sociales et sur l'établissement entre elles d'une forte coordination. Le mouvement syndicaliste, de sa nature vraie, n'est pas un mouvement de lutte des classes, mais un mouvement de coopération et de coordination des classes sociales.

Dans la masse amorphe des individus, telle qu'elle est née de la Révolution française, tendent à se former des groupements déterminés, rapprochant et réunissant les hommes accomplissant le même travail dans le grand atelier coopératif qu'est la société. Ces groupements tendent à s'organiser, à coopérer et à se coordonner. Ainsi le syndicalisme est un mouvement de pacification et d'union, et non pas un mouvement de guerre et de révolution.

<h2 style="text-align:center">V</h2>

C'est, au contraire, ce dernier caractère que veulent lui donner les meneurs du syndicalisme révolutionnaire. Ils prêchent une théorie qu'ils prétendent réaliser dans les faits et qui a pour conséquence de fausser l'évolution naturelle et normale du syndicalisme, de créer de la misère, de la souffrance, de la destruction et de la mort, surtout dans la classe ouvrière, que les criminels qui sont à la tête du mouvement prétendent servir.

Le point de départ de la doctrine syndicaliste révolutionnaire est dans la théorie de Karl Marx sur l'accumulation des capitaux et le matérialisme historique. Karl Marx, on le sait, enseigne que les capitaux tendent de plus en plus à se concentrer entre les mains d'une seule classe et que, d'autre part, la puissance politique appartient toujours à la classe sociale qui a la puissance économique.

Cela posé, on affirme qu'il y a dans la société uniquement deux classes, celle qui possède les instruments, de la production, la classe bourgeoise et capitaliste, et, d'autre part, la classe prolétarienne, la classe ouvrière, qui ne possède rien du capital et n'a d'autre chose que son travail. Que les prolétaires de tous les pays, sans distinction de frontières, s'unissent, s'organisent et marchent à la conquête du capital par tous les moyens possibles; ou plutôt qu'ils anéantissent la classe bourgeoise et capitaliste, qu'ils suppriment le capital, et alors le travail restera le maître, puisque la seule puissance économique sera alors le travail et que la puissance politique est toujours là où est la puissance économique. La lutte des classes comme moyen, la conquête par la classe prolétarienne de la puissance économique et, par là même, de la puissance politique, comme but, voilà tout l'essentiel de la doctrine marxiste, et voilà ce que les syndicalistes révolutionnaires veulent réaliser.

La constitution et l'organisation de la classe prolétarienne, armée et entrant en guerre contre le capital, ont été tentées dans différents pays, et particulièrement en France par l'association qui s'est donné le nom de Confédération générale du travail, constituée à la faveur de la loi de 1884, et qui avait la prétention de réunir en un puissant groupement toutes les unions départementales de syndicats ouvriers et toutes les fédérations de professions, et de créer ainsi un corps d'une puissance irrésistible se dressant en armes contre le gouvernement et la classe capitaliste. Son but est l'anéantissement de la classe capitaliste ; le moyen, la lutte violente surtout par la grève générale, la grève des services publics, la grève des chemins de fer, la grève des transports en commun, la grève des marins du commerce et des dockers, la grève des postes et télégraphes, et tout cela pour rendre impossible le gouvernement qu'on prétend monopolisé par la classe bourgeoise, tout cela pour provoquer la misère, la famine, la souffrance et la mort, parce que la révolution est fille de la misère et de la souffrance. Et l'on veut enflammer les masses en leur prêchant cette doctrine abominable comme l'évangile des temps modernes et les articles d'un nouveau *Credo*.

Non seulement la doctrine est abominable et criminelle, mais elle est absolument contraire aux faits et à l'évolution normale des sociétés modernes.

En Russie, dans cet immense territoire, peuplé de populations ignorantes, amorphes et sans résistance, la doctrine a momentanément triomphé. D'après tous les renseignements concordants qui nous parviennent, elle a conduit à la ruine, à la détresse, à la destruction de tout ; elle a créé, au profit de quelques hommes hardis et sans scrupules, une dictature sanglante, à côté de laquelle celle du tzarisme était un gouvernement libéral.

En France, au mois de mai 1920, la Confédération générale du travail a tenté de provoquer une révolution bolcheviste, en déclenchant d'abord une grève générale des chemins de fer, et ensuite, par une série de vagues d'assaut successives, une grève de transports en commun, une grève des métallurgistes, une grève des marins et des dockers. Mais la tentative a piteusement échoué. La conscience française s'est révoltée. La nation tout entière s'est dressée en mai 1920 contre l'ennemi de l'intérieur, comme elle s'était dressée en août 1914 contre l'ennemi de l'extérieur, et elle a cloué sur place les bolchevistes, comme elle avait cloué les Boches sur les bords de la Marne.

La tentative, si elle se renouvelait, ne réussirait pas davantage. Elle irait contre les faits ; elle serait en contradiction avec la structure même de la société française. Il est absolument faux de dire qu'il n'y a en France que deux classes opposées et rivales, la classe capitaliste et la classe prolétarienne. Il y a beaucoup de classes intermédiaires. Il y a surtout, formant la grosse majorité, comme le noyau central de la nation, la classe que l'on peut appeler moyenne, composée d'individus à la fois capitalistes et travailleurs, et qui, celle-là, ne veut ni de conquête violente ni de révolution destructive, et qui forme l'instrument par excellence de coordination des classes. Les différents groupements professionnels tendent à s'organiser, non pas pour se combattre et pour se détruire, mais au contraire pour s'entendre et se coordonner en vue de la division du travail social, qui peut seule réaliser la prospérité commune et la justice sociale.

Sans doute cet effort et cette réalisation rencontreront de nombreuses résistances ; mais elles seront vaincues. Sans doute il y aura des luttes, des chocs, des victoires momentanées de la violence et de l'erreur ; mais on en triomphera ; et, malgré tout, il faut croire fermement au triomphe final de la raison, au progrès par la justice et par le droit, et y travailler inlassablement.

TREIZIÈME LEÇON

L'organisation de l'État moderne et la liberté de l'individu.

MESDAMES, MESSIEURS,

Le moment est venu de tirer les conclusions de tout ce qui a été dit dans ces leçons. Dès notre première réunion, je disais qu'à la fin du xviiiᵉ siècle, à peu près au même moment, avait été formulées aux États-Unis et en France deux grandes idées, l'une au point de vue politique, le principe de la souveraineté nationale ; l'autre au point de vue social, le principe de la liberté, de l'autonomie de la personne humaine. L'objet essentiel de ces leçons a été d'étudier l'évolution générale de ces deux idées pendant les 130 années qui nous séparent de l'époque où elles ont été solennellement énoncées dans la Déclaration d'indépendance américaine et dans la Déclaration des droits française.

Comment se résume cette évolution ?

Pour la notion de souveraineté nationale, j'ai dès le début indiqué le sens de la transformation qui s'est accomplie, en disant que la conception de l'État-nation se substitue à celle de l'État-puissance ; et je crois bien avoir démontré l'exactitude de cette proposition en établissant que des deux éléments, nation et souveraineté, qui constituent la souveraineté nationale, le premier, l'élément nation, apparaît de plus en plus au premier plan, tandis que le second, l'élément souveraineté, est en une décroissance continue. J'ai montré aussi que cette notion de souveraineté, pouvoir de volonté qui ne se détermine jamais que par elle-même, quel qu'en soit le titulaire, aboutit à des contradictions insolubles, se heurte aux faits les plus certains de la politique contemporaine et fait place de plus en plus à la notion de service public. On a vu qu'au contraire l'élément nation prend de plus en plus la prééminence et que, pendant la grande guerre et dans les événements qui l'ont suivie, elle s'est affirmée avec une évidence éclatante et une force irrésistible.

Parallèlement à cette évolution de la souveraineté s'accomplissait une évolution de la conception de liberté, évolution que j'ai indiquée en disant que la conception de liberté-droit était de plus en plus remplacée par la conception solidariste de liberté-devoir.

Cette double évolution devait se traduire et s'est traduite en effet dans l'organisation de l'État.

D'abord puisque dans la conception de la souveraineté nationale l'élément nation a pris la prépondérance sur l'élément souveraineté, il devait en résulter que la nation elle-même, la nation avec tous ses éléments constitutifs, devait être associée à la direction politique du pays. Et comme, dans les pays modernes, la nation ne peut agir elle-même, mais seulement par des représentants, il en est résulté une tendance très nette dans beaucoup de pays à transformer le système de représentation politique.

D'autre part, puisque la notion de souve-aineté fait place à la notion de service public qui implique une limitation positive et négative de l'activité de l'État, puisque la liberté de l'individu, devenant pour lui un devoir, une fonction, lui donne une situation encore plus forte vis-à-vis de l'État, des garanties très solides et très efficaces doivent être organisées et tendent à être organisées dans tous les pays pour établir une sanction à ces obligations et protéger l'individu à la fois contre l'arbitraire et l'abstention de l'État.

Tendance à modifier le régime représentatif dans l'État moderne, tendance à organiser des garanties plus énergiques et plus efficaces au profit de l'individu contre l'État, voilà les deux idées générales auxquelles se rattachent les transformations qui sont actuellement en train de s'accomplir dans l'organisation de l'État moderne. Voilà aussi les deux idées auxquelles je veux rattacher les indications que je donnerai dans cette dernière réunion, lesquelles sont d'ailleurs bien plutôt la présentation d'un programme que l'exposé du sujet.

I

Et d'abord, ai-je dit, apparaît à peu près partout une modification dans l'organisation de la représentation politique.

Sans doute, en 1789, on avait bien affirmé l'existence de la volonté nationale, mais on avait eu en vue une volonté appartenant à un être métaphysique, la nation, personne morale douée de conscience et de volonté et distincte des individus dont elle était formée. C'est pourquoi on avait dit que le principe de la souveraineté nationale ne conduisait point logiquement et nécessairement à la reconnaissance du suffrage universel égalitaire. On disait seulement qu'il fallait déterminer le moyen le plus propre à dégager la volonté nationale et ne conférer la fonction de voter qu'à ceux qui étaient le mieux placés pour dégager cette volonté.

Voilà comment aucune des constitutions françaises de l'époque révolutionnaire, à l'exception de la constitution de 1793, qui d'ailleurs n'a jamais été appliquée, n'établissait le suffrage universel. Ce n'est qu'en 1848 que le suffrage universel a été institué et pratiqué en France. Aujourd'hui, le suffrage universel est adopté à peu près dans tous les pays du monde, et c'est la France qui est en retard. Une des premières, elle a pratiqué le suffrage universel, et elle n'a pas encore, et je crains bien qu'elle n'ait pas de longtemps, le suffrage des femmes, quand au contraire les États-Unis, l'Angleterre, l'Allemagne, l'Australie, reconnaissent aux femmes les droits [d'électorat et d'éligibilité à peu près dans les mêmes conditions qu'aux hommes. Pourquoi à cet égard la France est-elle restée en retard? Il y a beaucoup de raisons à cela, sur lesquelles je ne peux pas insister. Je dirai seulement que la principale est la persistance, dans ce pays, de la conception romaine et catholique de la famille, suivant laquelle la femme doit rester au foyer, assurer l'économie domestique, tandis qu'à l'homme est réservée la vie publique.

II

Une transformation plus profonde encore s'accomplit dans l'organisation de la représentation politique. Quand on ne voyait dans la souveraineté nationale qu'une volonté de puissance, je veux dire une volonté commandante en raison de sa nature, on croyait, et cela paraissait logique, que cette volonté était naturellement et seulement exprimée par la majorité numérique des individus composant le corps politique ; et l'on organisait exclusivement la représentation de la majorité. Le pontife de la souveraineté nationale, J.-J. Rousseau, avait d'ailleurs affirmé que la majorité du corps politique exprimait toujours la volonté générale. Il était allé jusqu'à dire : « Quand donc l'avis contraire au mien l'emporte, cela ne prouve autre chose, sinon que je m'étais trompé et que ce que j'estimais être la volonté générale ne l'était pas[1]. »

1. *Contrat social,* livre IV, chap. ii.

Aujourd'hui ce système est de plus en plus abandonné par les législations positives. Elles tendent de plus en plus à créer une représentation non point de la majorité, mais de la nation elle-même, de ses éléments constitutifs, ce qu'on appelle la représentation proportionnelle des partis politiques et la représentation des groupes sociaux, ou représentation professionnelle.

La représentation proportionnelle des partis existe en Belgique, depuis l'année 1899, avec un système très savant, et la Belgique y paraît définitivement attachée. En France, depuis la loi du 12 juillet 1919, nous pratiquons aussi la représentation proportionnelle, mais combinée avec le système majoritaire. La combinaison est assez compliquée ; je ne puis l'expliquer ici ; mais je devais la mentionner. La question de la représentation proportionnelle des partis politiques se pose dans tous les pays. Cela est, à mon sens, une conséquence de la transformation que nous avons constatée dans la conception de la souveraineté nationale. La meilleure preuve en est que les partisans irréductibles de la conception révolutionnaire de la souveraineté nationale, notamment le professeur Esmein, se sont élevés avec vigueur contre tout système de représentation proportionnelle, prétendant qu'elle est contraire à l'indivisibilité de la souveraineté et que seule la majorité numérique des individus peut exprimer cette souveraineté.

Je ne recherche pas si cette affirmation est vraie théoriquement. Ce qui me paraît certain, c'est que l'évolution naturelle des choses va directement à l'encontre de cette conception, et que la force qui amène tous les pays les uns après les autres à établir un système plus ou moins développé de représentation proportionnelle des partis est en harmonie parfaite avec la transformation qui s'accomplit dans la notion de souveraineté nationale.

J'en dirai autant de la représentation professionnelle. Elle se rattache, à coup sûr, au mouvement syndicaliste, dont je vous ai parlé dans notre dernière réunion. Vous vous rappelez que c'est une tendance à la formation, dans l'intérieur d'une même société nationale, de classes organisées, de groupements forts et cohérents, ayant une structure juridique définie et réunissant les individus exerçant la même profession, ou plus exactement et suivant une formule plus générale, les individus accomplissant une besogne de même ordre dans la société nationale. Du moment que de pareils groupements tendent à se constituer et à former ainsi des éléments composant la nation, ils tendent aussi à acquérir une représentation politique, laquelle n'exclut point d'ailleurs la représentation proportionnelle des partis, mais s'établit parallèlement à elle. Je crois que le moment n'est pas éloigné où, dans beaucoup de pays et en France notamment, des deux Chambres composant le parlement, l'une sera élue au suffrage direct et universel, avec représentation proportionnelle des partis politiques, et l'autre élue aussi au suffrage direct et universel, avec représentation des groupes professionnels au sens

général que j'ai expliqué. Ici, les choses sont moins
avancées que pour la représentation proportionnelle
des partis. Mais, en France, se sont produites récem-
ment les manifestations d'un courant assez fort en
faveur d'une représentation professionnelle. M. Marc
Sangnier a posé la question devant la chambre des
députés, et il n'y a point rencontré les résistances qui
se seraient produites avant la guerre. La réforme est
défendue par de nombreux et bons esprits; et autant
qu'il est permis de faire des prévisions, je suis disposé
à croire qu'elle se réalisera dans un avenir relativement prochain.

III

Quant à l'activité de l'État, elle est limitée par le
droit positivement et négativement ; ce qui veut dire
qu'il y a des choses que l'État est juridiquement
obligé de faire et qu'il y a des choses qu'il lui est
interdit juridiquement de faire. Ces obligations et ces
défenses doivent être garanties et sanctionnées ; et
l'État moderne tend de plus en plus à s'organiser
en vue de ces garanties et de ces sanctions.

Le législateur ne peut pas faire certaines lois.
Comment donner à l'individu des garanties réduisant
au minimum le danger d'une violation par l'État de
cette prohibition ? Et pour le cas où l'État ferait de
pareilles lois, comment empêcher qu'elles ne s'ap-
pliquent ? Au lendemain de la Révolution, les garanties
résidaient uniquement dans le système de la repré-

sentation majoritaire et aussi dans la composition du parlement : la création de deux chambres se faisant contrepoids. On affirmait enfin que le principe de la séparation des pouvoirs était une forte garantie de l'individu contre l'arbitraire de l'État.

Aujourd'hui on parle encore de séparation des pouvoirs. Mais, dans les pays qui pratiquent vraiment le régime parlementaire, ce n'est plus, à vrai dire, une séparation des pouvoirs, mais bien plutôt une collaboration constante des deux organes de l'État, le parlement et le gouvernement, celui-ci agissant, celui-là contrôlant, exerçant l'un et l'autre une action respective l'un sur l'autre, le gouvernement étant responsable devant le parlement, mais pouvant le dissoudre et faire appel au corps électoral. Régime parlementaire, pratiqué en France et en Angleterre, avec des modalités différentes, mais présentant des caractères essentiels identiques que je viens de rappeler ; forme de gouvernement qui, comme toutes les choses humaines, a ses défauts et ses inconvénients, mais qui est cependant le système politique le meilleur et le plus protecteur qu'aient encore inventé les hommes.

Et cependant les garanties qu'il assure ne suffisent plus. On ne se contente plus, contre l'arbitraire de l'État, de garanties préventives ; il faut encore, si je puis ainsi parler, des garanties répressives ; il faut un système qui permette d'écarter l'application d'une loi contraire aux principes de liberté, tels que nous les avons définis, et aussi un système de nature à

sanctionner la responsabilité de l'État, soit qu'il fasse
une loi contraire au droit, soit qu'il néglige d'organiser les services publics dont le droit lui impose la
charge.

Ces garanties ne peuvent résider que dans la compétence reconnue à une haute juridiction, dont le
savoir et l'impartialité soient au-dessus de tout
soupçon, et devant les décisions de laquelle tout le
monde s'incline, gouvérnants et gouvernés, et le législateur lui-même, compétence dis-je pour décider si
la loi faite est contraire ou conforme au droit et pour
annuler les lois illégales.

Les États-Unis ont l'honneur d'avoir constitué un
système qui assure presque la réalisation de cet idéal ;
et la France y sera, je l'espère, parvenue dans un
avenir qui ne peut être éloigné. Ce n'est pas ici que
j'ai besoin de parler du prestige qui s'attache aux
décisions de la Cour suprême de justice fédérale et
de l'autorité de son chef éminent, avec lequel j'ai eu
l'honneur d'avoir, il y a quelques jours, à Washington,
un long entretien. Aux États-Unis, toutes les cours
de justice ont compétence pour apprécier la constitutionalité des lois invoquées devant elles, et lorsque la
Cour suprême a décidé qu'elle n'appliquerait pas une
loi, parce qu'elle juge qu'elle est inconstitutionnelle,
c'est-à-dire contraire au droit supérieur qui s'impose
à l'État législateur, bien que ce ne soit qu'une décision d'espèce, tout le monde s'incline, le Congrès
tout le premier ; et quoique la loi ne soit point annulée,
elle devient caduque *ipso facto*.

Belle et grande institution, très protectrice de la liberté individuelle et de l'indépendance des citoyens, et que je regrette que nous n'ayons pas encore en France, mais vers laquelle je crois que nous marchons. Dans un avenir, qui est peut-être prochain, le même pouvoir que celui qui est reconnu à votre cour suprême de justice sera certainemer'. attribué à notre cour de cassation ou à notre Conseil d'État, et peut-être à ces deux hautes juridictions.

Si nous n'avons pas le système américain permettant aux cours de justice d'apprécier la constitutionalité des lois et de refuser d'appliquer une loi jugée inconstitutionnelle, nous sommes très avancés dans l'élaboration d'un système qui sera éminemment protecteur de l'individu et formera une garantie solide des obligations s'imposant à l'État. Je veux parler de la responsabilité pécuniaire de l'État envers les particuliers lésés, soit par une loi contraire au droit, soit par l'abstention du législateur qui n'a pas organisé certains services publics ou ne les a organisés qu'imparfaitement. C'est le système que nous appelons la responsabilité de l'État législateur et dont notre Conseil d'État a déjà fait de nombreuses applications, que je ne puis que signaler sans y insister.

<h2 style="text-align:center">IV</h2>

Il ne suffit pas de protéger l'individu contre l'intervention législative de l'État ; il faut aussi le protéger contre l'action administrative, contre l'État gérant les services publics, prenant des décisions individuelles. A cet égard, une conception a profondément pénétré dans tous les États modernes. Si parfois elle est violée, on peut dire cependant qu'elle s'impose avec une force irrésistible à la conscience moderne. C'est ce que j'appelle le principe de légalité, le principe en vertu duquel une décision individuelle quelconque ne peut être prise par une autorité quelconque qu'à la condition qu'elle soit conforme à une disposition générale, c'est-à-dire à la loi, et dans la limite et sous les conditions prévues par la loi.

Vous comprenez comment il y a là une garantie précieuse au profit de l'individu contre l'arbitraire de l'État. En effet, la loi est, par sa nature même, essentiellement protectrice. Étant une disposition par voie générale, édictée d'une manière abstraite, sans considération ni d'espèce ni de personne, elle est par là même impartiale. La décision individuelle, au contraire, risque d'être déterminée par des considérations de personne et de situation, et, par conséquent, si elle pouvait être prise sans limite, il n'y aurait aucune garantie d'impartialité, aucune garantie contre l'arbitraire. Il en est au contraire différemment si l'on admet comme un principe intangible qu'aucune autorité, quelle qu'elle soit, même le parlement, ne peut prendre une décision individuelle sur une matière quelconque que dans les limites prévues et fixées par une disposition générale qui est la loi.

Tel est le principe de légalité. Il est aujourd'hui affirmé et reconnu par tous. Il reste à le sanctionner.

Je crois pouvoir dire que nulle part n'existe une sanction aussi savante, aussi complète, aussi étendue, aussi forte que celle qui a été établie en France par l'admirable jurisprudence du Conseil d'État sur le recours pour excès de pouvoir.

Je ne puis qu'en indiquer le principe. Tout acte d'une autorité, qu'on prétend être contraire à la loi, soit parce qu'il a été fait par un fonctionnaire incompétent, soit parce qu'il a été fait sans les formes exigées par la loi, soit parce qu'il viole une disposition légale quelconque, soit même parce que l'auteur de l'acte a été déterminé par un but autre que celui que la loi avait en vue en lui donnant sa compétence, tout acte atteint d'illégalité peut être attaqué par le recours par excès de pouvoir porté directement devant le Conseil d'État. Cette haute juridiction peut prononcer l'annulation de l'acte avec toutes les conséquences de droit, c'est-à-dire que, l'acte étant annulé, les choses seront à l'égard de tout le monde, gouvernants et gouvernés, administrateurs et administrés, comme s'il n'avait jamais été fait. Cette demande d'annulation peut être formée par toute personne ayant un intérêt, un simple intérêt éventuel, un simple intérêt moral; et le Conseil d'État se montre de plus en plus large dans l'appréciation de cet intérêt.

Il y a dans la théorie du recours pour excès de pouvoir une création jurisprudentielle qui fait le plus grand honneur à notre Conseil d'État et qui laisse bien loin derrière elle les créations tant vantées du préteur romain.

Ce n'est pas tout. La jurisprudence du Conseil d'État a aussi élaboré une théorie de la responsabilité de l'État administrateur, laquelle est essentiellement protectrice de l'individu contre l'arbitraire, les erreurs, les fautes, les simples négligences de l'administration, responsabilité qui, à ma connaissance, n'existe à un tel degré dans aucun pays, qui particulièrement n'existe point dans les pays anglo-saxons, qui reconnaissent la responsabilité des fonctionnaires, mais point celle de l'État. En France, à côté de la responsabilité de l'État, nous admettons la responsabilité personnelle des fonctionnaires, quand il y a ce que nous appelons faute personnelle, que nous distinguons de la faute fonctionnelle ou faute de service. Distinction très savante et très délicate, mais qui a permis d'édifier un système juridique répondant véritablement aux besoins pratiques et éminemment protecteur des intérêts individuels.

V

Comme je l'ai fait observer au début de cet entretien, dans tout ce que je dis aujourd'hui, il n'y a vraiment que l'indication d'un programme. Les institutions que je viens d'esquisser mériteraient de longs développements. Je ne sais pas ce que l'avenir me réserve, mais, si les circonstances me permettaient un jour ou l'autre de revenir dans cette Université, ce serait pour moi une satisfaction profonde d'y exposer, comme suite aux conférences de cette année sur l'évolution de la souveraineté et de la liberté, les procédés organisés dans les divers pays, et particulièrement en France, pour protéger la liberté et les intérêts des citoyens contre l'action de l'État.

Satisfaction profonde, dis-je, car j'emporte un souvenir précieux, inoubliable, de mon séjour ici et de l'enseignement que j'ai eu l'insigne honneur de donner à l'Université Columbia. Ma gratitude s'adresse à l'Université, à son chef, à tous les collègues qui m'ont si bien et si cordialement accueillis. Mais elle s'adresse surtout à vous, Mesdames, Messieurs, à vous qui pendant trois mois avez suivi, avec une fidélité et une attention qui ne se sont pas démenties un seul jour, ces leçons portant sur des sujets austères, et qui, j'en avais le sentiment, étaient parfois bien arides.

Vous avez bien voulu m'apporter votre sympathie attentive et bienveillante. Je puis vous affirmer qu'à défaut d'autre chose je vous ai apporté ma conviction scientifique et ma foi profonde, inébranlable, au progrès humain, malgré les victoires momentanées, malheureusement trop fréquentes, de la sottise et du mal.

Je ne puis croire que notre collaboration ne porte pas quelques fruits. Elle a resserré assurément les liens existant déjà entre l'Université Columbia et les Universités françaises. Permettez-moi d'ajouter qu'elle a créé une indissoluble amitié entre l'Université Columbia et l'Université de Bordeaux. Puisse aussi notre collaboration rapprocher encore la pensée française et la pensée américaine, et contribuer à transformer l'amitié traditionnelle de nos deux grands pays en une **alliance** politique, qui est dans nos vœux à tous, qui est conforme à la raison et à la sagesse, et qui seule peut assurer le triomphe définitif du droit dans le monde.

TABLE DES MATIÈRES

490-21. — Saint-Germain-lès-Corbeil. — Imp. Willaume.